山东省 2021

文化及相关产业统计概览

中共山东省省委宣传部
山东省统计局 编

山东人民出版社·济南

国家一级出版社 全国百佳图书出版单位

图书在版编目（CIP）数据

山东省文化及相关产业统计概览.2021/中共山东省委宣传部，山东省统计局编.——济南：山东人民出版社，2022.9

ISBN 978-7-209-13658-7

Ⅰ.①山…　Ⅱ.①中…　②山…　Ⅲ.①文化产业－统计资料－山东－2021　Ⅳ.①G127.52-66

中国版本图书馆CIP数据核字(2022)第041625号

山东省文化及相关产业统计概览2021

SHANDONGSHENG WENHUA JI XIANGGUAN CHANYE TONGJI GAILAN 2021

中共山东省委宣传部　山东省统计局　编

主管单位　山东出版传媒股份有限公司
出版发行　山东人民出版社
出 版 人　胡长青
社　　址　济南市市中区舜耕路517号
邮　　编　250003
电　　话　总编室（0531）82098914
　　　　　市场部（0531）82098027
网　　址　http：//www.sd-book.com.cn
印　　装　济南龙玺印刷有限公司
经　　销　新华书店

规　　格　16开（184mm×260mm）
印　　张　18
字　　数　280千字
版　　次　2022年9月第1版
印　　次　2022年9月第1次
ISBN 978-7-209-13658-7
定　　价　65.00元
　　　　　如有印装质量问题，请与出版社总编室联系调换。

《山东省文化及相关产业统计概览2021》
编辑人员

主　编　毕司东　李　涛

副主编　刘金祥　张定新

编　委　（按姓氏笔画为序）

　　　　于凌崧　刘长玲　朱林玉　李　丽

　　　　李　超　汪春丽　杨志东　张萍萍

　　　　初建伟　盛　利　解秀海

统　稿　魏修军　郑　舰

撰　稿　（按姓氏笔画为序）

　　　　万里鹏　于鹏程　牛广牧　王　俊

　　　　王　鹏　孔愫愫　田宝斌　刘　钊

　　　　许　丽　刘　剑　李洪选　张　励

　　　　张记高　张婧文　张芳娜　赵　萌

　　　　郭　伟　程广凯　颜东升

核　稿　（按姓氏笔画为序）

　　　　于少光　王一帆　毛　剑　亓胜林

　　　　王　晔　刘小蕾　刘明磊　李传路

　　　　杨红康　陈建兵　杜　鹃　张　强

　　　　郑　臻　姜卫国　黄兆楼　潘　峰

　　　　燕守勇　薛　艳

前　言

为及时全面反映全省文化及相关产业发展情况，中共山东省委宣传部和山东省统计局共同编辑完成《山东省文化及相关产业统计概览2021》（以下简称《概览》）。

本《概览》从文化及相关产业发展规模、结构、投资、进出口、财政支出、居民消费以及主要文化行业的发展等方面，收集整理了2015年以来的全省文化及相关产业主要统计数据，力求多角度展示山东文化及相关产业发展概况。

《概览》中"文化及相关产业"的统计范围，2014—2017年执行国家统计局颁布的《文化及相关产业分类（2012）》标准，2018年以来年度数据执行国家统计局新颁布的《文化及相关产业分类（2018）》标准。

《概览》编辑工作得到了山东省民政厅、山东省财政厅、山东省商务厅、山东省文化和旅游厅、山东省广播电视局、山东省知识产权事业发展中心、山东省新闻出版局、山东省电影局、山东省通信管理局、国家统计局山东调查总队等部门和单位的大力支持与帮助，在此一并诚挚致谢！

目　录

三、文化及相关产业发展情况

四、主要文化行业发展情况

附　录

一、文化产业统计概览分析报告

WENHUA CHANYE TONGJI

GAILAN FENXI BAOGAO

新动能领跑　大项目集聚
我省文化产业历经风雨吐芳华

——2020年山东省文化产业发展情况

2020年，山东文化产业坚持创新引领，加快动能转换，呈现出逐季稳步恢复、持续好转态势，主要指标增速由负转正，全年发展好于预期、优于全国。全省2440个规模以上文化企业，实现营业收入4833.9亿元，增长7.8%，比全国高5.6个百分点（详见图1，表1），开始扭转2017年以来我省增速一直低于全国水平的不利局面。

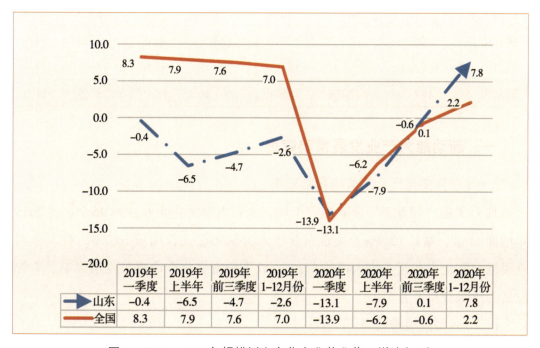

	2019年一季度	2019年上半年	2019年前三季度	2019年1-12月份	2020年一季度	2020年上半年	2020年前三季度	2020年1-12月份
山东	-0.4	-6.5	-4.7	-2.6	-13.1	-7.9	0.1	7.8
全国	8.3	7.9	7.6	7.0	-13.9	-6.2	-0.6	2.2

图1　2019—2020年规模以上文化企业营业收入增速（%）

表1 2020年规模以上文化产业主要指标

地区	法人单位数（个）	从业人员期末人数		资产总计		营业收入	
		2020年（人）	增长（％）	2020年（亿元）	增长（％）	2020年（亿元）	增长（％）
全省	2440	366029	9.4	8006.7	6.3	4833.9	7.8
济南市	396	49514	22.3	1012.5	5.9	640.5	−1.2
青岛市	569	65058	22.5	1314.8	14.3	1279.5	21.5
淄博市	149	30437	−3.8	394.5	−1.4	228.2	−8.3
枣庄市	58	6375	17.3	43.7	−12.1	30.1	−15.8
东营市	33	5762	8.7	223.7	5.1	93.5	−2.4
烟台市	161	47975	−12.5	868.7	6.9	583.0	23.9
潍坊市	200	32247	14.5	2212.2	3.7	813.4	14.2
济宁市	159	28587	88.5	614.5	12.1	459.5	−2.3
泰安市	57	7553	3.2	96.4	12.0	34.2	−5.1
威海市	70	13185	6.0	115.2	−6.6	73.7	−9.6
日照市	65	11267	12.9	293.5	−0.1	143.3	−8.7
临沂市	199	23192	−3.3	352.0	105.2	189.9	3.9
德州市	77	14043	19.0	153.8	9.4	83.5	−10.1
聊城市	48	8571	−29.0	168.5	−46.8	57.8	−4.1
滨州市	72	9894	−11.1	80.8	−2.6	40.1	−13.3
菏泽市	127	12369	6.1	61.8	18.9	83.5	−11.6

一、新动能为产业发展蓄势赋能

（一）强势文化产业集群培育结硕果

加力实施"领航型"企业培育工程，全省大型文化企业达到96个，比2019年增加11个，增长12.9%；实现营业收入2560.6亿元，增长16.7%，拉动全省规模以上文化企业营业收入增长8.2%，成为全省文化产业克服疫情影响、率先发展的压舱石和主力军。

（二）转型升级添动力

大力推动传统制造向智能制造转型，企业转型升级步伐不断加快、成效突出。潍坊歌尔电子有限公司通过开发高端虚拟增强现实产品、交互式多媒体智能家居产品，面对疫情影响，销售额不降反增，营业收入增长 137.4%。鸿富锦精密电子（烟台）有限公司、青岛星电电子有限公司、威海世高光电子有限公司等 8 个规模以上可穿戴智能文化设备制造和其他智能文化消费设备制造企业，实现营业收入 583.3 亿元，增长 49.9%，拉动全省规模以上文化企业营业收入增长 4.3%，对全省规模以上文化企业营业收入增长贡献率高达 55.8%。

（三）新业态引领新发展

"互联网 +"助力产业融合，新业态加快发展，成为驱动全省文化产业高质量发展的重要动力。广播电视集成播控、互联网搜索服务、动漫、游戏数字内容服务新型文化业态企业实现营业收入 802.8 亿元，增长 41.9%；比全国高 19.8 个百分点，与传统文化产业强省江苏、浙江相比，分别高 22.4 个和 29.2 个百分点；对全省规模以上文化企业营业收入增长贡献率达到 68.1%，拉动增长 5.3 个百分点。

二、环境优化为企业增动力添活力

（一）减税降费力度加大

全省规模以上文化企业应缴增值税比上年减少 16.3%，比江苏、浙江分别高 12.7 个和 3.2 个百分点，企业获得更多实惠，负担大幅降低，活力更足。

（二）强化企业发展引导

鼓励企业积极对接市场需求，加大投入强度，大力开发推出新产品、实现新发展。鸿富锦精密电子（烟台）有限公司制造的新产品 PS5 游戏机市场销售火爆、供不应求，公司订单比上年大幅增加，2020 年营业收入增长达到 39.4%。

（三）企业效益不断攀升

全省规模以上文化企业实现营业利润 171.5 亿元，增长高达 41.1%，分别比一季度、上半年、前三季度高 104.5 个、70.5 个和 54.4 个百分点，呈现逐季向好、大幅上升态势。先进设备制造企业加快发展、贡献巨大。营业收入位列前三的鸿富锦精密电子（烟台）有限公司、海信视像科技股份有限公司、潍坊歌尔电子有限公司，实现营业利润 23.2 亿元，增长 241.4%，占全部规模以上文化企业营业利润比重达到 13.5%。

三、文化产业投资渐成热点

（一）文化产业项目投资趋势向好

随着我省营商环境优化，招引力度加大，构建形成"产业集群＋特色园区＋领军企业"推进态势和"支撑项目＋政策措施"运行机制，对省内外优质项目投资逐渐形成虹吸效应，投资亮点纷呈。一是投资规模持续扩大。2020年，全省共有2115个文化产业投资项目，项目计划总投资10980.3亿元，增长13.2%，比全省项目增速高出2.5个百分点。二是投资引导作用不断增强。重点领域和新动能投资持续增加。内容创作生产等文化核心领域计划投资达到9332.9亿元，增长15.5%，占全部文化产业计划总投资的比重为85.0%；信息服务终端等智能制造项目87个，增长67.3%；数字内容服务项目33个，增长32.0%。三是资金扶持力度加大。从到位资金情况看，国家预算资金到位99.0亿元，增长157.1%，高出全省项目90.9个百分点。

（二）大项目投资加快落地

创新建立"要素跟着项目走"机制，统筹重点项目建设，突出重大项目库培育，对大项目进军山东、落地齐鲁产生积极效果。一是大项目投资数量明显增多。全省亿元以上文化产业大项目1350个，增长11.7%，占全部文化产业投资项目的比重为63.8%；10亿元、50亿元、100亿元以上文化产业大项目个数分别增长9.2%、24.0%和100.0%。二是投资力度明显加大。亿元以上文化产业大项目计划总投资10705.8亿元，增长14.5%，比全省亿元以上大项目增速高出2.0个百分点。三是超大项目投资增势迅猛。全省10个100亿元以上的文化产业施工项目计划总投资1197.7亿元，增长99.7%。

（三）港澳台、外商投资更加看好山东

出台《关于印发山东省进一步做好利用外资工作的若干措施的通知》，全面落实外商投资准入前国民待遇加负面清单管理制，不断拓展外商投资领域，为优质资产进入积极创造条件。一是港澳台投资增多。全省共有港澳台投资文化产业施工项目30个，增长30.4%；项目计划总投资150.7亿元，增长62.8%；自年初累计完成投资38.2亿元，增长31.9%。二是外商投资流入加速。外商控股投资文化产业施工项目达到23个，增长64.3%；项目计划总投资33.6亿元，

增长58.3%；自年初累计完成投资18.6亿元，增长高达206.0%

四、几点建议

党的十九届五中全会提出了"十四五"时期文化建设要"繁荣发展文化事业和文化产业，提高国家文化软实力"，到2035年建成文化强国的战略目标。我省应抓住"十四五"这个发展黄金期，以高质量发展为主线，聚焦重点领域和核心产业，补短板、强弱项，推动文化产业又好又快发展。

一是重点关注文化服务业发展长期滞后的问题。2020年，规模以上文化服务业营业收入占全部规模以上文化产业营业收入比重仅为13.7%，与江苏、浙江相比，分别落后19.2个和50.7个百分点（见图2）。文化服务业是文化产业结构优化升级的主攻方向，针对当前我省文化服务业起步较晚、占比较低的短板，要进一步优化政策环境，激发市场活力，以投资调整引领产业结构调整，加快传统文化产业改造，多措并举提升文化服务业规模。

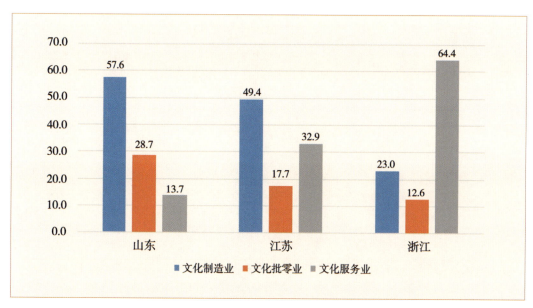

图2　鲁、苏、浙三省2020年规模以上文化产业营业收入构成（%）

二是着力解决核心领域发展优势不突出的问题。2020年，全省规模以上文化企业核心领域新闻信息服务、内容创作生产、创意设计服务、文化传播渠道、文化投资运营和文化娱乐休闲服务六个行业大类实现营业收入1329.5亿元，占全省规模以上文化企业营业收入的比重为27.5%，与江苏、浙江相比，分别落后15.9个和43.7个百分点。我省应高度关注、重点解决，通过推动文化金融结合，促进文化旅游整合，加快文化科技融合，引领群众消费升级等多种措施，壮大文化核心产业发展实力，提升全省文化产业发展质量。

三是进一步加快培育新兴业态。新兴业态发展快、动力足、拉动作用十分突出，但同时也存在总量偏小的现实，2020年占全省规模以上文化企业营业收入比重为16.6%，与江苏、浙江相比，分别落后15.6个和35.8个百分点。我省应充分发挥扶持基金、项目补助、市场力量等引导作用，对发展潜力足、市场前景好的新业态项目进行倾斜，通过投资引导，扶持培育等措施，提升新兴行业比重，拉宽拉长产业链条，优化文化行业结构，助力全省文化产业优质高效发展。

（撰稿：山东省统计局　魏修军）

2021年上半年我省文化产业统计分析

上半年，我省政策措施得力，疫情防控有力，企业加快复工复产，经济持续稳定恢复，文化消费潜力加快释放，文化新业态引领作用增强，文化市场回暖向好，全省文化产业呈现良好发展、全面复苏态势，具体情况汇报如下。

一、上半年全省规模以上文化企业情况

（一）企业生产经营趋势向好

截至6月末，全省2686个规模以上文化企业，实现营业收入2897.8亿元，总量位列全国第7名（前6位分别是广东、北京、江苏、浙江、上海、福建），同比增长52.3%（详见表1），比2019年上半年增长35.1%，两年平均增长达到16.2%。与全国相比，2020年前三季度、1—12月份及今年一季度、上半年，我省规模以上文化企业营业收入增速分别高于全国0.7个、5.6个、24.4个和21.9个百分点。

上半年我省规模以上文化产业增速较高，主要原因：一是上年同期受新冠疫情影响较大、产能萎缩严重，后期防疫抗疫效果显著，企业生产恢复、市场回暖迅速；二是受益于新旧动能转换取得较大成效，新业态发展动力强劲，拉动全省规模以上文化企业营业收入增长16.7个百分点，增长贡献率达到31.9%，驱动产业发展作用十分明显。当前，我省文化产业发展已恢复到疫情前水平。

表1 　　　　　　　2021年上半年全省规模以上文化企业基本情况

地区	法人单位数（个）	从业人员期末人数		营业收入	
		1—6月（人）	增长（%）	1—6月（亿元）	增长（%）
全省	2686	376016	20.2	2897.8	52.3
济南	466	63651	58.6	363.2	32.9
青岛	567	61855	24.9	735.5	53.6
淄博	148	30159	25.8	121.6	30.4
枣庄	66	4898	-9.9	17.7	20.6
东营	34	5562	5.7	48.7	32.2
烟台	181	50093	-7.2	362.2	143.4
潍坊	226	32354	18.0	508.1	57.3
济宁	202	29033	93.5	306.8	39.0
泰安	67	7726	8.7	23.1	40.3
威海	87	14560	27.3	41.6	23.5
日照	70	10718	12.9	83.4	30.0
临沂	214	23482	2.9	109.0	29.0
德州	74	12687	19.5	48.5	37.1
聊城	58	7987	-22.2	34.6	47.2
滨州	76	9053	-13.4	33.1	51.3
菏泽	150	12198	24.3	60.6	81.6

注：烟台文化产业营业收入增速较高，主要受益于鸿富锦精密电子（烟台）有限公司开发的新产品PS5游戏机，从去年以来市场销售火爆，订单成倍增长。

（二）文化新业态业绩亮丽

随着经济增长，生活水平提升，加之新冠疫情影响，居家活动增多，线上文化娱乐消费和高科技文化产品需求大幅攀升。全省动漫、游戏数字内容服务，娱乐用智能无人飞行器制造，可穿戴智能文化设备制造等16个行业小类文化新业态快速发展，全省203家规模以上新业态文化企业吸纳就业6.6万人，同比增长15.2%；实现营业收入516.6亿元，增长159.9%，增速高于我省全部规模以上文化产业107.6个百分点，高于全国文化新业态平均水平127.0个百分点。营业收入拉动全省规模以上文化企业营业收入增长16.7个百分点，增长贡献率达到31.9%。

（三）各行业领域均实现较大幅度增长

上半年，全省规模以上文化企业各行业类型和领域均有不俗表现，与2019年同期比较，文化制造业、文化批发和零售业、文化服务业营业收入两年平均分别增长10.2%、29.3%和19.6%；文化核心领域、文化相关领域营业收入两年平均分别增长8.6%和19.3%。从全省规模以上文化企业营业收入结构看，文化制造业所占比重超过5成（详见图1），文化相关领域所占比重在7成以上，文化服务业、核心领域所占比重较小（详见表2）。营业收入前10名的文化产业中类，文化制造业所占比重较大，信息服务终端制造及销售增速最高（详见表3）。

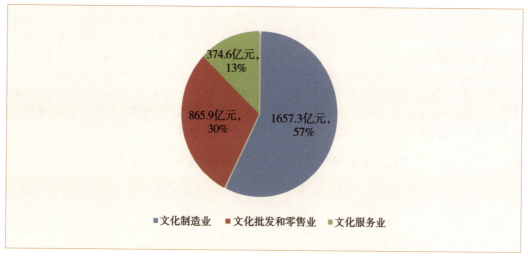

图1　2021年上半年我省规模以上文化企业营业收入结构

表2　　　　2021年上半年我省文化产业分行业营业收入情况

	营业收入（亿元）	增长（%）	比重（%）
总计	2897.8	52.3	100.0
按产业类型分			
文化制造业	1657.3	57.3	57.2
文化批发和零售业	865.9	48.9	29.9
文化服务业	374.6	40.1	12.9
按领域分			
文化核心领域	755.8	39.8	26.1
文化相关领域	2141.9	57.3	73.9

续表

	营业收入（亿元）	增长（%）	比重（%）
按行业大类分			
新闻信息服务	49.8	30.3	1.7
内容创作生产	289.3	43.2	10.0
创意设计服务	164.6	37.3	5.7
文化传播渠道	226.4	35.9	7.8
文化投资运营	5.6	73.2	0.2
文化娱乐休闲服务	20.0	86.3	0.7
文化辅助生产和中介服务	900.1	32.0	31.1
文化装备生产	50.6	30.8	1.7
文化消费终端生产	1191.3	85.8	41.1

注：文化核心领域含新闻信息服务、内容创作生产、创意设计服务、文化传播渠道、文化投资运营和文化娱乐休闲服务六个行业大类，文化相关领域含文化辅助生产和中介服务、文化装备生产、文化消费终端生产三个行业大类。

表3　　　　　　　　2021年上半年营业收入前10名的文化产业中类

	营业收入		
	总量（亿元）	增长（%）	占比（%）
信息服务终端制造及销售	948.1	109.2	32.7
文化辅助用品制造	709.6	33.6	24.5
文具制造及销售	228.7	29.1	7.9
工艺美术品制造	189.5	45.9	6.5
印刷复制服务	127.9	24.9	4.4
设计服务	116.9	45.3	4.0
工艺美术品销售	103.8	58.4	3.6
出版物发行	91.8	17.9	3.2
文化经纪代理服务	52.3	22.1	1.8
数字内容服务	50.4	51.3	1.7
合计	2619.0		90.4

注：信息服务终端制造及销售增长较快，主要得益于可穿戴智能文化设备及其他智能文化消费设备制造行业高达255.7%的高速增长拉动。

二、文化产业项目投资较为稳定

因文化娱乐、等消费活动受新冠疫情影响较大，文化产业项目投资更为谨慎。上半年，全省共有1556个文化产业施工项目，项目计划总投资小幅下降0.4%，累计完成投资则增长6.0%；其中亿元以上文化产业投资项目1084个，项目计划总投资微降0.4%，累计完成投资增长6.8%。随着疫情防控力度加大、效果显现，投资信心应逐步增强，下半年文化产业投资趋向乐观。

三、文化娱乐消费恢复增长

全省居民文化娱乐人均支出304元，同比增长5.6%。其中，城镇居民、农村居民人均支出分别为424元和152元，分别增长3.5%和12.9%，农村居民支出增幅明显高于城镇，并大幅扭转上年同期受疫情影响较大，分别下降5.6%和11.1%的不利局面。

四、加快推动我省文化产业发展的意见建议

纵向看，我省文化产业规模扩大、趋势向好，但对照强省建设要求，与发达省份横向比较，还存在较大短板和差距，我省应坚持问题导向，扬长补短，推进全省文化产业高质量发展。

一是优势文化资源发掘利用不足。山东优秀传统文化、红色文化底蕴丰厚，历史文化名城、文化古迹众多，齐鲁文化源远流长、影响深远。但近期省统计局调研显示，不少企业认为目前门票收入占景区收入比例过高、依赖性较大；文创产品较为单一、辨识度不高、难以给游客留下深刻印象；产业链不成熟，以传统旅游项目为主，缺少文化内涵产品及智慧旅游方面的技术创新，吸引力有待进一步提升等。总的来看，我省对齐鲁文化资源挖掘不深，开发利用力度不够，文化资源优势未能充分转换成产业发展优势。

二是发展结构还不够优。文化产业含核心领域和相关领域两大部分，主要有文化制造业、文化批发和零售业、文化服务业三大产业类型。文化核心领域和文化服务业最能体现文化属性，决定产业发展质量，是文化产业的发展重点。但从近年我省情况看，文化制造业、文化相关领域所占比重较大，文化服务业、核心领域发

展偏弱的局面在较长时期内存在，而我省规模以上文化制造企业大多为造纸、编织及电视制造等传统行业、老旧产能，发展潜力不大、市场竞争力不强。比如从今年上半年情况看，全省规模以上电视机制造企业营业收入尽管同比增长28.0个百分点，但远远落后新业态文化企业131.9个百分点，落后全部文化企业24.3个百分点；全省规模以上文化企业内容创作生产等核心领域营业收入占比为26.1%，落后全国36.2个百分点，分别落后江苏、浙江17.6个和44.8个百分点（详见表4）；文化服务业比重落后全国34.6个百分点，分别落后江苏、浙江19.9个和51.0个百分点。

表4　　　　2021年上半年鲁苏浙规模以上文化企业营业收入比较

	营业收入（亿元）			增长（%）			比重（%）		
	山东	江苏	浙江	山东	江苏	浙江	山东	江苏	浙江
总计	2898	5518	6102	52.3	26.9	30.7	5.3	10.1	11.2
按产业类型分									
文化制造业	1657	2666	1400	57.3	23.7	34.0	57.2	48.3	22.9
文化批发和零售业	866	1043	803	48.9	21.2	40.1	29.9	18.9	13.2
文化服务业	375	1808	3899	40.1	35.9	27.8	12.9	32.8	63.9
按领域分									
文化核心领域	756	2413	4326	39.8	29.1	28.5	26.1	43.7	70.9
文化相关领域	2142	3105	1776	57.3	21.2	70.9	73.9	56.3	29.1
按行业大类分									
新闻信息服务	50	226	1627	30.3	25.9	29.0	1.7	4.1	26.7
内容创作生产	289	867	1554	43.2	34.1	20.9	10.0	15.7	25.5
创意设计服务	165	750	765	37.3	32.2	38.5	5.7	13.6	12.5
文化传播渠道	226	430	343	35.9	43.6	38.1	7.8	7.8	5.6
文化投资运营	6	61	1	73.2	35.9	−31.4	0.2	1.1	0.0
文化娱乐休闲服务	20	79	35	86.3	63.9	107.2	0.7	1.4	0.6
文化辅助生产和中介服务	900	1077	612	32.0	29.1	23.4	31.1	19.5	10.0
文化装备生产	51	732	226	30.8	13.0	74.3	1.7	13.3	3.7
文化消费终端生产	1191	1296	938	85.8	20.0	38.5	41.1	23.5	15.4
文化新业态	517	1313	3166	159.9	32.1	26.2	17.8	23.8	51.9

　　注：总计中的比重分别为山东、江苏、浙江规模以上文化企业营业收入占全国的比重。上半年，全国6.3万家规模以上文化及相关产业企业实现营业收入54380亿元。

三是创新类业态规模较小。近年来，我省游戏动漫、短视频、智能穿戴等16个行业小类新业态文化企业发展加快、增长拉动贡献较大，但类似抖音、腾讯等创新类型，在全国有较大影响的龙头、领军型文化企业欠缺，整体规模偏小的问题依然存在。上半年，全省203个规模以上新业态企业，数量占全部规模以上文化企业的比重仅为7.6%，其中仅有11个为大型企业，小微企业占比高达77.3%；营业收入占全部规模以上文化企业的比重为17.8%，落后全国15.7个百分点，总量分别相当于江苏、浙江的39.4%和16.3%（详见图2）。

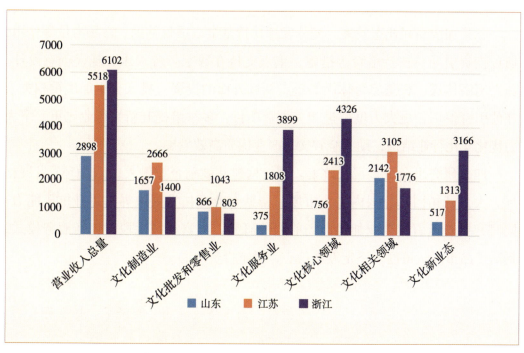

图2　2021年上半年鲁苏浙分行业领域规模以上文化企业营业收入（亿元）

四是文化市场较易受疫情冲击。在疫情极易反复和难以掌控的情况下，文化旅游、影视剧院等线下实体经济、小微企业面临客流量减少、资金链断裂、退出市场等多方面严峻考验，文化产业投资也更加谨慎，原有投资计划可能会后延或搁置，疫情带来的诸多问题可能会对全省文化产业发展形成较大影响和制约。

鉴于此，我们建议：一是更加重视和充分利用山东作为中华文明的重要发祥地和儒家文化发源地的重要战略地位。鼓励利用齐鲁优势文化资源开发特色产品，重点在"文化+"中做足文章，借力先进技术，创新传播方式，支持大型演艺活动、精品影视剧目创作和游戏动漫作品开发，讲好山东故事，赓续文化基因，在推动优秀传统文化、红色文化资源创造性转化、创新性发展中，壮大文化产业，推进强省建设。

二是进一步提升产业发展质量。针对当前文化核心领域、文化服务业发展偏慢、占比较低的短板，我省需要进一步突出顶层设计，以实现高质量发展为主线，以供给侧结构性改革为抓手，大力推进产业结构调整。同时，发挥政策扶持扶助作用，激发市场活力，做大做强龙头领军企业，不断提升文化核心、服务领域发展动力和规模质量。

三是加快新兴业态发展。充分发挥扶持基金、项目补助、市场力量等作用，通过投资引导，扶持培育等措施，重点支持在数字影音娱乐、现代创意设计、新兴网络传媒、智慧旅游休闲等重点领域方面的投资、投入。更加注重相关人才的引育留用，更大力度引进相关投资项目，多举措提升新兴行业比重，下大力优化文化行业结构，助力全省文化产业优质高效发展。

四是研究出台更多帮扶政策。积极构建并鼓励企业融入"双循环"发展格局，大力开拓国际、国内文化市场，帮助企业开拓发展眼界，提升抗压能力。同时，要着重引导企业加强市场前瞻性研究，丰富科技手段，创新服务模式，提高产品市场认可度，坚定发展信心，树牢投资决心。

（撰稿：山东省统计局　魏修军　赵　萌）

2021年前三季度我省文化产业发展分析

今年以来，我省疫情防控措施得力，新动能持续发力，经济持续稳定恢复，文化新业态引领作用增强，文化旅游市场经营转好，文化产业发展势头持续向好。

一、规模以上文化企业量增质升

（一）企业生产经营持续向好

前三季度，我省规模以上文化企业2741家（详见表1），实现营业收入4533.4亿元，总量位列全国第7位；同比增长38.2%，增速位列全国第2位；两年平均增长达到18.2%。与全国相比，2020年前三季度、1—12月份及今年一季度、上半年、前三季度，我省规模以上文化企业营业收入增速分别高于全国平均水平0.7、5.6、24.4、21.9和16.4个百分点。自2020年前三季度以来，我省规模以上文化企业营业收入增速已经连续五个季度高于全国平均水平，整体趋势向上向好。

表1　　　　　2021年前三季度全省规模以上文化企业基本情况

地区	法人单位数（个）	从业人员期末人数		营业收入	
		9月末（万人）	同比增长（%）	1—9月（亿元）	同比增长（%）
全省	2741	37.1	6.0	4533.4	38.2
济南市	477	6.4	27.1	578.9	27.5
青岛市	567	5.9	1.6	1138.0	36.3
淄博市	157	3.0	4.2	190.4	24.1

地区	法人单位数（个）	从业人员期末人数		营业收入	
		9月末（万人）	同比增长（%）	1—9月（亿元）	同比增长（%）
枣庄市	72	0.5	-23.6	34.7	46.2
东营市	33	0.5	-2.4	65.1	8.4
烟台市	183	5.0	5.6	588.4	73.7
潍坊市	221	3.1	3.4	802.9	43.6
济宁市	206	2.9	2.3	465.0	37.0
泰安市	67	0.8	5.9	33.7	27.9
威海市	89	1.5	20.3	66.5	23.4
日照市	74	1.1	-2.7	129.7	24.6
临沂市	234	2.2	1.9	166.6	18.7
德州市	73	1.3	-3.2	74.0	25.6
聊城市	58	0.8	-0.5	51.5	34.1
滨州市	75	0.9	-10.1	51.0	50.3
菏泽市	155	1.2	10.3	97.0	59.1

（二）全行业均实现较大幅度增长

前三季度，文化制造业、文化批零业和文化服务业营业收入分别增长41.1%、36.7%和30.2%，两年平均分别增长10.9%、33.2%和25.2%。在文化产业9大行业类别中，营业收入实现全行业同比增长，其中文化投资运营、创意设计服务、文化消费终端生产、新闻信息服务、文化传播渠道等5个行业两年平均增速超过两位数，分别为92.5%、39.1%、34.2%、31.6%和13.5%。

（三）产业结构持续优化

前三季度，规模以上文化制造业、文化批零业、文化服务业企业法人单位数占比为37.9∶24.7∶37.4（详见图1），与上年同期43.3∶22.7∶34.1相比，文化批零业、文化服务业法人单位占比分别提升4.0个和3.3个百分点。从营业收入看，文化服务业经济效益增势明显且占比提升，全省文化服务业实现营业收入608.6亿元，同比增长30.2%；占全省文化产业营业收入比重为13.4%，占比分别高于一季度和上半年0.5和1.6个百分点。

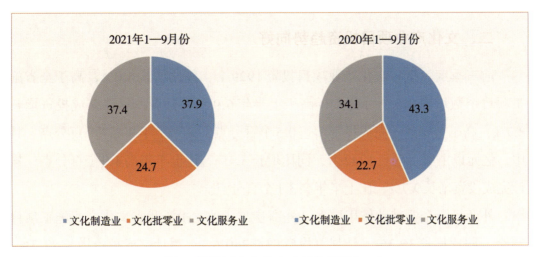

图1　规模以上文化企业结构情况（％）

（四）文化企业经营效益强势提升

前三季度，全省规模以上文化企业吸纳就业 37.1 万人，同比增长 6.0%；实现利润总额 177.2 亿元，同比增长 71.3%，两年平均增长 18.4%，实现社会效益和经济效益双提升。

（五）文化核心领域比重不断扩大

前三季度，文化核心领域实现营业收入 1208.9 亿元，同比增长 33.4%，高于全国平均水平 10.5 个百分点，两年平均增长 11.7%，高于上半年两年平均增速 3.1 个百分点；文化核心领域占全部文化企业营业收入比重为 26.7%，分别高于一季度和上半年 2.4 个和 0.6 个百分点，占比稳步扩大，发展地位提升。

（六）文化新业态引领作用显著增强

随着数字化水平不断提升，线上文化娱乐消费和高科技文化产品市场逐步扩大，依托数字创新发展的文化新业态崭露头角、动力强劲。前三季度，全省文化新业态特征较为明显的动漫游戏数字内容服务、娱乐用智能无人飞行器制造、可穿戴智能文化设备制造等 16 个行业小类企业 210 家，吸纳就业 6.6 万人，同比增长 15.0%；资产总计达 1056.2 亿元，增长 5.7%；实现营业收入 862.0 亿元，增长 84.6%，两年平均增长达到 91.3%，增速分别高于全省全部规模以上文化企业 46.4 个和 73.1 个百分点，分别高于全国平均水平 58.5 个和 67.3 个百分点。营业收入拉动全省规模以上文化企业营业收入增长 12.0 个百分点，增长贡献率达 31.5%。

二、文化产业项目投资趋势向好

前三季度，全省文化产业项目投资 1929 个，同比增长 6.0%，高于全省施工项目个数增速 0.5 个百分点，高于上半年 6.9 个百分点；累计完成投资增长 8.7%，高于全省累计完成投资增速 0.5 个百分点，高于上半年 2.7 个百分点。其中，亿元以上施工项目 1242 个，同比增长 3.4%，比上半年高 4.9 个百分点；累计完成投资增长 9.7%，比上半年高 3.1 个百分点。

外商投资企业带动作用增强。外商参与或独立投资我省文化产业施工项目 23 个，同比增长 35.3%，计划总投资增长 240.6%，累计完成投资增长 72.3%，到位资金增长 161.3%。

三、文化旅游市场活力显现

全省疫情防控效果显著，文化惠民活动不断升温，文化旅游消费市场回暖复苏。前三季度，我省国内游客人次同比增长 82.7%，国内旅游收入增长 85.8%。全省居民人均文化娱乐消费支出 529 元，同比增长 4.6%。其中，城镇居民人均消费支出 782 元，增长 2.8%，农村居民人均消费支出 207 元，增长 12.9%。

四、加快我省文化产业发展的意见建议

前三季度，我省文化产业发展迅速，增势较好，但对标发达省份，还存在一些差距。一是传统制造行业规模较大，发展活力相对不足。我省规模以上文化制造企业大多为造纸、编织和电视机制造等传统行业，营业收入占全部文化制造业企业高达 74.5%，同比增长 27.2%，但与智能文化消费设备等制造行业营业收入 106.6% 的高增速相比，滞后 79.4 个百分点，发展活力相对不足。二是新业态企业发展较快，但规模依然偏小。全省 210 家规模以上新业态企业，占全部规模以上文化企业比重仅为 7.7%，其中大型企业仅有 12 家，小微企业占比高达 78.6%；营业收入占全部规模以上文化企业营业收入的比重为 19.0%，与江苏的 24.5%、浙江的 47.7% 和全国的 33.6% 相比，差距明显，占比分别落后 5.5、28.7 和 14.6 个百分点。三是地区差异明显，资源优势利用不足。从全省 16 市

看，青岛、潍坊、烟台规模以上文化企业营业收入分别列前三位，三市营业收入合计为2529.3亿元，占全部规模以上文化企业营业收入比重为55.8%，远远高出后三位的泰安、枣庄、滨州营业收入比重53.2个百分点。

针对以上问题，提出如下建议：一是加快产业培育引导，提升产业发展质量。针对我省传统产业占比偏高、智慧制造相对较少等问题，以供给侧结构性改革为抓手，以新型文化消费为着眼点，加快产业投资，强化市场引导，促进产业转型升级，发展提速换挡。二是推进数字化发展，释放新业态活力。着眼未来文化产业发展趋势，紧盯文化线上经济、网上消费新常态发展方向，重点培育我省数字化、智能化、网络化文化新业态，助力全省文化产业优质高效发展。三是挖掘特色文化资源，促进各地共同发展。充分挖掘各地文化资源优势，打造特色文化品牌，增强文化市场竞争力。同时鼓励发达地区帮扶帮带文化产业发展相对较慢地区，促进发展理念和产业资源对接融合，推动全省文化产业优质协调发展。

（撰稿：山东省统计局　赵　萌）

文化产业规模扩大效益提升
补短板强弱项需乘势而上持续发力

——2021年山东省文化产业发展情况分析

2021年，全省上下深入贯彻高质量发展理念，主动融入新发展格局，文化产业保持较快发展，质量效益不断提高，新业态持续壮大，新动能活力增强，向好向优发展势头良好。

一、全省规模以上文化企业规模扩大效益提升

一是产业主体培育成效明显，文化产业保持较快发展。我省文化产业发展环境持续优化，市场主体不断增加，全省规模以上文化及相关产业企业（以下简称"文化企业"）达到2782家，较上年增加342家；实现营业收入6152.4亿元，比上年增长24.4%，高出全国8.4个百分点；两年平均增长15.8%，高于全国6.9个百分点（详见表1）。

表1 2021年规模以上文化产业主要指标

地区	法人单位数（个）	从业人员期末人数		资产总计		营业收入	
		2021年（人）	增长（%）	2021年（亿元）	增长（%）	2021年（亿元）	增长（%）
全省	2782	369730	6.6	8296.7	1.5	6152.4	24.4
济南市	482	63987	27.1	1200.8	13.4	863.6	25.2
青岛市	574	57460	3.9	1261.0	−1.6	1454.3	15.5

地区	法人单位数（个）	从业人员期末人数		资产总计		营业收入	
		2021年（人）	增长（%）	2021年（亿元）	增长（%）	2021年（亿元）	增长（%）
淄博市	163	30323	3.9	372.3	9.5	283.0	27.2
枣庄市	76	4903	-23.6	43.5	-4.8	46.1	42.9
东营市	33	5497	-2.4	185.2	-0.2	91.0	-2.8
烟台市	184	50093	5.6	906.0	4.4	754.0	26.6
潍坊市	224	31313	3.4	2180.8	-1.3	1119.3	37.3
济宁市	207	28427	2.9	681.3	10.7	618.0	30.5
泰安市	67	7792	5.9	95.0	1.6	45.6	15.8
威海市	92	15297	21.5	161.5	13.5	92.9	12.7
日照市	75	10990	-2.7	453.5	3.3	176.1	18.6
临沂市	235	21927	1.9	192.2	-45.3	228.2	13.4
德州市	74	12504	-3.2	152.6	-1.2	101.1	19.0
聊城市	58	7784	-0.7	169.2	-0.5	68.2	12.7
滨州市	77	9079	-9.1	79.6	1.0	68.3	32.6
菏泽市	161	12354	10.4	162.2	16.8	142.5	48.3

二是企业产出效率不断提升，经济社会效益显著提升。2021年，全省文化企业营业利润达到231.3亿元，较上年增长33.3%；收入利润率为3.76%，比上年提高0.21个百分点；人均实现营业收入166.4万元，较上年提高23.8万元。从吸纳就业看，2782家文化企业期末从业人员为37.0万人，较上年增长6.6%；应缴增值税71.1亿元，增长31.3%。

三是文化新业态发展强劲，产业结构不断优化。创新驱动发展战略不断深化，文化新业态加快发展。动漫、游戏数字内容服务，娱乐用智能无人飞行器制造，可穿戴智能文化设备制造等文化新业态特征较为明显的16个行业小类实现营业收入1196.5亿元，比上年增长42.6%，拉动文化企业营业收入增长7.2个百分点；两年平均增长42.2%，高于全部文化企业增速26.4个百分点；占文化企业营业收入的比重为19.4%，比上年提高2.8个百分点。

四是数字化新动能作用突出，高质量发展引领效果显著。全省369个规模以上数字文化企业，实现营业收入1728.1亿元，比上年增长36.0%，高于全部文化企业11.6个百分点；占全部文化企业营业收入比重达到28.1%，同比提高2.5个百分点；拉动全部文化企业营业收入增长9.2个百分点，贡献率达到37.9%。

五是产业集聚初具规模，龙头企业带动作用更加明显。济南、青岛、烟台、潍坊、济宁5市文化企业营业收入合计达到4809.3亿元，占全省的比重为78.2%，对全省文化企业营收增长贡献率达到81.0%。全省营业收入过亿的文化企业共有597家，占规模以上文化企业的21.5%，营业收入5451.6亿元，占规上文化企业营收的88.6%。12家营业收入过百亿的规模以上文化企业实现营业收入2328.2亿元，比上年增长33.2%，比全省文化企业收入增速高出8.8个百分点，拉动全省文化企业营业收入增长11.7个百分点。

六是文化消费潜力加快释放，消费水平稳步提高。随着经济加速复苏，城乡居民收入水平提高，文化消费市场持续活跃，全省城乡居民文化消费支出稳步提高。2021年，全省居民人均文化娱乐消费支出914元，比上年增长17.3%，高于居民人均消费支出增速8.3个百分点；占居民人均消费支出的比重为4.0%，较上年提高0.3个百分点。其中，城镇和农村居民人均文化娱乐消费支出分别为1399元和279元，分别增长17.2%和16.3%。

二、当前我省文化产业发展存在的问题

2021年，全省经济稳定恢复，文化消费需求持续释放，文化产业规模扩大，发展态势良好，但仍存在以下几方面问题。

一是产业整体规模依然偏小，与我省文化大省地位不匹配。我省文化资源丰富，文化底蕴深厚，但文化产业整体规模偏小。2021年，全省文化企业营业收入占全国的5.2%。与江苏、浙江相比，文化企业数量、营业收入规模均存在较大差距（详见图1）。

二是文化服务业发展滞后，企业多而不强情况突出。从文化产业结构看，我省文化制造业长期处于主导地位，文化服务业发展滞后。2021年，全省文化服务业企业1042家，占全部文化企业的37.5%；营业收入占文化企业营业收入比重仅为14.7%，与江苏（31.5%）、浙江（62.7%）相比，分别低16.8个和48.0

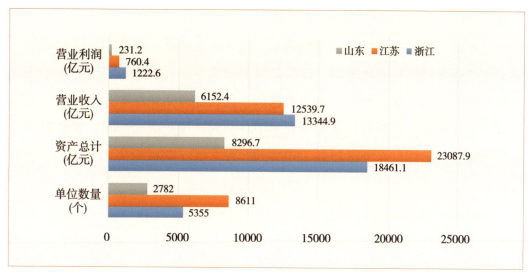

图1　鲁苏浙规模以上文化企业主要指标对比

个百分点，比全国平均水平低32.5个百分点；户均营业收入仅8691.9万元，分别比江苏（9505.6万元）和浙江（44219.3万元）低813.7万元和35527.4万元。从市场主体看，营业收入在10亿元以上的文化服务业企业仅12家，仅相当于江苏（50家）、浙江的（49家）的四分之一。

三是高附加值企业较少，整体盈利能力偏弱。我省文化企业主要集中在传统造纸、印刷等行业中，处于产业链高端或附加值高的企业偏少。2021年，全省文化企业收入利润率为3.76%，比江苏（6.06%）、浙江（9.16%）分别低2.3个和5.4个百分点。营业收入排名前10的企业中，除潍坊歌尔电子有限公司和山东新华书店集团有限公司外，均低于全省文化企业的平均收入利润率。

三、几点建议

国家《"十四五"文化产业发展规划》明确指出，"十四五"时期文化产业仍处于大有可为的重要战略机遇期。我省应牢牢把握好这个时期，乘势而上，补齐发展短板弱项，实现全省文化产业高质量发展。

一是进一步激发市场活力，扩大文化产业规模。优化政策环境，将文化产业项目列为招商引资重点，围绕重点产业链招商引资、招才引智，鼓励和引导各类社会资本参与文化产业领域投资，将文化资源优势转换为产业发展优势，助力文化产业提质扩容。同时加强市场监管，加强知识产权和品牌保护，规范市场竞争秩序，全面激发市场发展活力。

二是进一步推进文化产业结构调整，优化文化产业整体布局。文化服务业是文化产业发展的核心和重点，做大做强文化服务业，重点是要强化产业总体布局，紧盯市场需求，着眼未来消费趋势，加大优质文化服务业项目的引进和扶持，加快现有文化服务企业的培育和引导，同时优化资源配置，不断巩固和提升产业发展优势，在做大做强上用真功、求实效，积极构建文化产业发展新格局。

三是进一步以创新为导向，提升文化产业竞争力。把握当前5G网络、人工智能、大数据等与文化融合的新内容和新趋势，坚持引育并举、政策扶持，鼓励企业以创新为导向实现转型升级，重点引进和培育一批科技含量高、附加值高的新兴业态项目，加快我省文化企业从"制造"向"智造"转型，向"创造"跨越，不断提升文化市场竞争实力和文化影响力。

（撰稿：山东省统计局　于鹏程）

文化筑魂　百年梦圆

——山东全面建成小康社会文化建设成就综述

文化是一个国家、一个民族的灵魂，文化小康是全面小康不可或缺的重要内容。改革开放以来，山东省委、省政府团结和带领全省人民，在进行经济建设、社会建设的同时，充分发挥齐鲁大地悠久历史文化传统和深厚的人文底蕴优势，深入推进精神文明建设，全面优化文化服务供给，有力地促进了文化的大发展大繁荣，在全面建成小康社会的同时，全省精神文明成长，人民精神力量增强，极大提升了百姓幸福感和获得感，文化建设取得了令人瞩目的辉煌成就。

一、锚定"小康"社会建设方向，群众性精神文明建设蓬勃发展（1978—1991年）

新中国成立后，以毛泽东为代表的中国共产党人开创性地提出了"四个现代化"伟大纲领，为小康社会思想的形成奠定了根本政治前提和制度基础。1978年，党的十一届三中全会作出改革开放重大决策，促进了国民经济迅速发展，物质生活逐步改善，人们的精神文化需求日益增长，社会主义文化建设进入新时期。1982年9月，党的十二大提出"小康"概念，并将其作为主要奋斗目标和国民经济、社会发展的阶段性标志。1986年，党的十二届六中全会把精神文明建设纳入社会主义现代化建设总体布局。1987年10月，党的十三大将实现小康列为"三步走"战略的第二步目标。1990年12月，党的十三届七中全会对小康作了具体描述："所谓小康水平，是指在温饱的基础上，生活质量进一步提高，达到丰衣足食"。党中央一系列指示，极大地促进了山东小康社会建设进程和以群众性精神文明建设为主要内容的文化工作的开展。

一是社会主义精神文明建设逐步恢复。1983年7月，中共山东省第四次代表大会强调，努力抓好各项文化事业建设。1986年2月，省委四届八次全会审议通过《山东省"七五"期间社会主义精神文明建设规划》，明确了全省社会主义精神文明建设的目标任务，群众性精神文明活动在齐鲁大地兴起并迅速发展，文艺为人民服务、为社会主义服务的方向和"百花齐放，百家争鸣"的方针得到了恢复和发扬。

二是文化体制改革开始推行。随着经济建设的飞速发展和改革开放政策的实施，长期以来在计划经济体制下形成的管理体制越来越不适应形势需要，束缚着文化事业的发展，迫切需要进行文化体制改革。1983年，山东省各级艺术表演团体较普遍实行了承包经营责任制。1985年，全省艺术表演团体改革全面展开，充分调动了广大艺术工作者的积极性，增强了艺术表演团体的活力，促进了文化事业的发展。1990年12月，全省16个市中有10个建立了新闻出版局，4个市建立了出版管理办公室，全省新闻出版管理机构趋于完善，全省新闻出版单位达到245家，比1985年增长23%。

三是文艺创作恢复发展。众多优秀文艺作品百花齐放、异彩纷呈，在陶冶情操、丰富精神文化生活同时，持续激发改革开放磅礴力量，实现物质文明和精神文明建设双丰收。1978年12月，举办山东省新创戏剧汇演，《相女婿》等43个剧目参加演出。这一时期，话剧《海边有个男儿园》《黄河入海流》《我爱我班》，儿童剧《小白龟》，吕剧《石龙湾》等5部戏剧分别获得中宣部第一、第二、第三和第五届、第六届"五个一工程奖"。京剧《焦裕禄》和《石龙湾》、歌剧《徐福》、话剧《陈小虎》、吕剧《苦菜花》等8部戏剧分别获文化部第一届至第八届"文华新剧目奖"。《武松》、《高山下的花环》、《今夜有暴风雪》荣获全国电视剧评奖"三连冠"。

四是群众文化日渐兴起。1979年底，山东把依靠经济力量兴建乡镇文化中心提到农村群众文化工作的重要日程，全省各地兴建文化设施，以文化中心为阵地，逐步形成了一支群众文化骨干队伍。1981年，全省兴建农村集镇文化中心工作全面铺开，建设村级文化活动场所——文化大院。1982年3月，全省农村文化艺术工作先进集体、先进工作者表彰大会召开，农村文化生活日益活跃。

1988年，中共山东省第五次代表大会提出进一步繁荣和发展文化事业，大力开展群众性文化活动，创造良好的企业文化环境、城市文化环境和农村文化环境。顺应人民群众对文化生活的需要，1990年开始在全省范围内开展创建社会文化先进县活动，文化市场迅速发展，形成了娱乐、文艺演出、音像、书刊、美术、电影发行放映、艺术培训等门类众多、内容丰富的文化市场体系。

五是文化产业萌芽萌动。20世纪70年代末到90年代初，随着全省经济逐渐恢复并初步发展，文化产业悄然萌动、开始起步。我省许多文化单位积极行动，开办多种形式的有偿服务项目，山东省图书馆成立书刊、打字复印服务部，山东省艺术馆成立山东省东方艺术服务部等。娱乐业从无到有逐渐活跃，1979年起，山东各类书会、庙会相继推出，各类展览活动琳琅满目，涌现出一批业余歌手、演员、画家等。到1991年，全省共发展各类文化（艺术）馆156个，文化站2504个；拥有各类艺术表演团体120个，剧场（院）121个。

六是对外交流开始活跃。1984年在摩纳哥第十届"蒙特卡洛国际马戏节"上，省杂技团演出的《蹬板凳》荣获最高奖"金小丑奖"。1986年12月，在英国举行的"第十一届杂技锦标赛"上，济南市杂技团演出的《蹬板凳》荣获最高奖"英航杯奖"，共获得7块金牌。1987年2月，在法国巴黎"世界明日杂技节"上，《蹬板凳》再获金奖。

二、明确全面建设小康社会历史任务，文化建设逐步向纵深扩展（1992—2002年）

1992年，邓小平南方谈话和党的十四大把我国改革开放和社会主义现代化建设推向新阶段。1997年，党的十五大对中国特色的社会主义文化作出了全面阐述，提出下个世纪目标：第一个十年实现国民生产总值比2000年翻一番，使人民的小康生活更加宽裕，到20世纪末，我国总体达到小康水平。2000年，党的十五届五中全会第一次提出了"全面建设小康社会"的历史任务。此后，在党的十六大报告中进一步明确了"全面建设小康社会"的丰富内涵，提出要在21世纪头二十年，集中力量，全面建设惠及十几亿人口的更高水平的小康社会。山东认真贯彻党中央的一系列方针政策，把社会主义文化建设作为社会主义现代化建设的重要内容，把繁荣社会主义文化事业摆到重要战略地位，社会主义文化建设在新形势下取得了长足发展。

一是文化大省建设开始启动。1992年8月，省委召开全省精神文明建设工作会议，山东精神文明建设的成果和社会效益明显，许多省（市）参考山东做法开展了这项活动。1996年10月，省委下发《关于学习宣传党的十四届六中全会精神的通知》，全面推进精神文明建设的各项工作。1998年省第七次党代会进一步提出，把发展社会主义经济、政治、文化有机统一起来，全面推进山东社会主义现代化建设事业。当年，山东社会文化先进县达到51个，全国文化先进县和文化模范地区达29个，居全国首位。2000年11月，在青岛召开专门会议，提出了建设山东文化大省的基本目标和初步构想。2001年，提出以发展齐鲁特色文化为着力点，努力推动文化大省建设。2002年6月，省第八次党代会提出了建设"大而强、富而美"新山东的奋斗目标。全省各级政府及文化主管部门顺应人民群众对文化生活的需要，开拓创新，大力推动文化事业发展，文化设施建设取得重大进展，门类众多、内容丰富的文化市场体系快速形成。

二是扶持鼓励艺术生产、精品创作。1997年，全省启动精神文明建设示范工程，举办"山东文化艺术节"等活动，切实有效地组织和指导了优秀作品创作。当年，省杂技团演出的《车技》夺得"金小丑奖"，全省绘画、书法、篆刻、摄影等艺术均有较大发展。这一时期，全省有24人获文化部"文华奖"，2人获京剧"梅兰芳金奖"，6人获戏剧"梅花奖"，还有近百人在全国各项专业评比或演出中获奖。2000年，省吕剧院《苦菜花》获文化部"文华大奖"，填补了山东省在此项目上的空白。青岛市话剧院《工人世家》、济南市儿童剧《宝贝儿》获文化部"文华新剧目奖"。2001年，话剧《天鹅之歌》、儿童剧《宝贝儿》、京剧《生死峡谷》、五音戏《腊八姐》、吕剧《碧水长流》等5部作品获中宣部"五个一工程奖"。

三是积极推进城乡基层文化事业发展。1990年，在全国首创出台《关于开展创建山东省"社会文化先进县"活动的意见》，此后几年，省委、省政府分批命名表彰了"社会文化先进县"。山东开展"创建"活动的做法和经验，在全国产生了广泛影响。1993年5月，文化部在山东召开首次全国文化先进县经验交流会，表彰了第一批"全国文化先进县"。山东农村文化市场也从无到有、由小到大、茁壮成长。1996年初具规模，许多地区从加强农村社会主义精神文明建设的高度认识农村文化市场建设，将其纳入当地社会和经济发展的总体规划，并作为检验小康目标实现程度的重要考核指标。1996年11月，山东举办首届农民文化艺术节，在全国、全省均属首次。2000年，"天上一颗星，地上一张网，广播电视并举，卫星地面结合，有线无线互补"遍布城乡的现代广播电视传输格局基本形成。

四是文化产业不断兴起。在文化体制改革的有力推动下，山东多渠道筹资、社会力量和外资参与文化产业发展的格局开始形成。随着改革开放的深入，山东文化市场逐步发展，从过去影、视、剧、书摊等简单的市场发展为包括文化娱乐市场、电影市场、演出市场、书刊市场、音像市场、古玩艺术品市场等在内的综合性文化市场。1993年2月，山东演出公司成立运营。1994年8月，山东省齐鲁影业有限公司在济南正式挂牌。文化要素市场开始孕育和生长，许多文化实体相继成立，成为文化市场的重要主体。

五是对外文化艺术交流日益增多。改革开放不断深入，齐鲁文化走出国门，交流的深度和广度有了显著增强。仅1996年和1997年两年，全省就开展文化交流160余次。其中，派出文化团组100余次、800多人次，接待来访文化团组近60次、1000多人次，交流范围涉及30多个国家和地区。"孔子文化大展"赴日本、西欧等地展出；风筝、剪纸、面塑、木版画、黑陶这些具有鲜明民族风格和地方特色的民间艺术先后走向世界。积极开展对外文化交流，对弘扬和传播中华民族优秀传统文化，扩大山东对外影响，汲取国外艺术精华，增进同世界各国人民的友谊，作出了积极贡献。

三、确立全面建成小康社会目标，文化建设走向繁荣（2002—2012年）

2002年，党的十六大报告明确指出，坚持经济、政治、文化、可持续发展"四位一体"是实现小康社会建设目标的重要保证。2007年，党的十七大报告从经济、政治、文化、社会和生态文明五个方面提出了全面建设小康社会的新要求，并将2020年确定为实现全面建成小康社会的关键历史节点。为深入贯彻党中央的一系列指示精神，全面加快小康社会建设，2007年6月，山东省第九次党代会上提出了"由文化资源大省向文化强省跨越的奋斗目标"。2008年1月，省委、省政府出台《关于推动文化大发展大繁荣的意见》，全面落实十七大提出的文化建设各项任务；7月，山东省委工作会议作出建设经济文化强省的决策部署，明确提出实现由经济大省向经济强省跨越、由文化资源大省向文化强省跨越的两大目标任务。

一是文化建设加快推进。2005年3月，省委、省政府批转了《省委宣传部、省文明办关于"文明山东"建设的实施意见》，全省上下掀起精神文明建设热潮，有力地促进全省经济社会全面协调发展。2006年8月，中共山东省委印发《山东省深化文化体制改革工作方案》，加快推动文化事业和文化产业繁荣发展。2007年3月，省政府下发《山东省实施〈国家"十一五"时期文化发展规划纲要〉的意见》，将公共文化服务体系建设、基层文化建设等作为发展重点，把开展社区文化活动作为履行公共文化服务职能、丰富群众文化生活的重要内容，各地加大对文化设施建设的投资力度，大幅提升了广大居民的文化生活水平。2007年底，全省基本建成了较为完善的省、市、县、乡、村五级社区文化服务网络。2009年，全省已有17个全国文化优秀社区、264个省级优秀文化社区，14名全国社区文化优秀辅导员，147名省级社区文化优秀辅导员，社区文化活动总体水平处于全国前列。

二是群众文化工作扎实有效。期间，先后组织"千里海疆文化长廊建设"、"蒲公英计划"等多项基层文化建设重点工程，全省群众文化工作呈现蓬勃发展的可喜局面。2006年12月，山东省首届农村文化艺术节在邹平开幕，当地农民群众有了自己的节日。全省多次组织大型文化下乡活动、下乡文艺演出活动，举办文化艺术培训班，培训农村文艺骨干，引导各地农村发展庄户剧团、为农民送书、援建乡村图书室、赠送文化器材等，这些活动对丰富农民群众的精神文化生活，引导他们自觉追求健康文明的生活方式，促进农村经济社会全面发展发挥了积极作用。在全国"群星奖"和"蒲公英奖"评选中，山东屡获金奖银奖，在全国名列前茅。

三是文化产业取得新突破。2007年12月，省委、省政府出台《山东省文化产业发展专项规划（2007—2015）》，对山东文化产业发展作出全面规划和部署。2008年，全省有文化产业法人单位3.4万家，实现营业收入2547.0亿元，均位列全国第4位。2008年8月，山东省文化产业博览会分别在济南、济宁两地同时举行，以"文化、创意、财富"为主题，参展观展规模空前，招商交易成果丰硕。2010年9月，第三届山东文化产业博览交易会在济南国际会展中心隆重开幕。同时，全省在发展中注重打破地区界限和行政分割，加强重点文化产业带、文化园区建设，培植文化产业新的增长点和突破口，发挥各地自身优势，逐渐形成了具有鲜明区域特色、结构合理的文化产业发展格局。

四是精品力作不断涌现。进入新世纪以来，"鲁剧"品牌影响力和美誉度不断扩大，电视剧《大染坊》、《闯关东》及电影《沂蒙六姐妹》等一批精品力作不断呈现。文艺创作取得丰硕成果，涌现出一大批弘扬主旋律、反映改革开放现实生活的精品力作，有多个文艺作品获国家级奖项。大型现代吕剧《补天》被评为2004—2005年度"国家舞台艺术精品工程"十大剧目，儿童剧《宝贝儿》入选2005—2006年度"国家舞台艺术精品工程"十大精品剧目。大型民族交响乐《沂蒙山小调》在北京获得全国民族交响乐决赛铜奖，填补了山东省交响乐作品30年来没有在全国获奖的空白。

五是文化市场规范发展。认真贯彻执行中央关于文化市场工作的方针、政策，紧紧围绕发展文化产业、建设文化强省战略，在构建现代文化市场体系、加强和规范文化市场管理方面做了大量富有成效的工作。2005年，制定发布《2005至2015年文化市场发展纲要》，颁布实施《山东省文化市场管理条例》《山东省文化娱乐市场管理规定》《山东省歌舞娱乐场所营业性演出活动管理办法》《山东省营业性演出管理暂行办法》《山东省演出经纪机构管理暂行办法》《山东省互联网上网服务营业场所连锁经营管理暂行办法》等一系列管理条例和规定，文化市场法规体系逐步完善。

六是文化交流更加广泛。派出、接待文艺团组5000多起，涉及欧美日韩等近百个国家和地区。2002年，山东歌舞剧院民族乐团首次赴奥地利维也纳金色大厅演出，省杂技团赴欧美巡演，青州佛教造像艺术展先后赴德国、瑞士和英国展出，均在当地引起了强烈反响。2003年，在法国举办的"中国文化年"活动，《孔子文化展》成为最受欢迎、最成功的展览之一。2007年6月，省第九次党代会明确提出"开展多种形式的对外文化交流，实施孔子文化品牌带动和文化'走出去'战略"思想；9月，中国曲阜国际孔子文化节开幕，这是首次由山东省政府、国家文化部、教育部、旅游局、中华全国归国华侨联合会主办，从"地方队"升格为"国家队"。

四、小康社会全面建成，文化建设成就辉煌（2013年至今）

党的十八大报告旗帜鲜明地做出了"全面建成小康社会"新部署，以习近平同志为核心的党中央向全党和全国各族人民吹响了全面建成小康社会的"集结号"。党的十九大报告进一步明确既要全面建成小康社会，实现第一个百年奋斗目标，又要乘势而上开启全面建设社会主义现代化国家新征程，向第二个百年奋斗目标进军。2014年11月，习近平总书记对山东工作特别是弘扬优秀传统文化作出重要批示，要求山东着力建设社会主义核心价值体系，用好齐鲁文化资源丰富的优势，加强对中华优秀传统文化的挖掘和阐发，为做好改革发展稳定各项工作提供强大的精神力量。省委、省政府深入贯彻中央决策部署，牢记总书记殷殷嘱托，牢牢把握"走在前列、全面开创"目标要求，把弘扬中华优秀传统文化、建设社会主义核心价值体系作为文化工作的重大主题、文化战线的重大使命、文化改革发展的重大任务，在"十三五"决胜阶段，真抓实干，奋力拼搏，小康社会全面建成，文化建设取得瞩目成就。

一是公共文化服务体系更加完善，服务能力大幅增强。2015年，制定出台《山东省人民政府办公厅关于贯彻落实国办发〔2015〕37号文件做好政府向社会力量购买公共文化服务工作的实施意见》。2016年，制定出台《关于推进基层综合性文化服务中心建设的实施意见》等。到2020年，省市县乡村五级公共文化服务设施网络不断完善，全省1822个乡镇（街道）和7万余个行政村（社区）综合性文化服务中心基本实现全覆盖；扎实开展县级文化馆、图书馆总分馆制建设，全省137个县级文化馆已经全部完成总分馆制建设，132个县级图书馆完成总分馆制建设；全省文化（艺术）馆、文化站服务人数分别为2887人和5628人，比1978年分别增长了34.2%和156.3%；广播人口、电视人口综合覆盖率分别达到99.45%和99.59%，与1978年相比，分别提高了26.45个和55.89个百分点；图书馆和博物馆分别达到154个和577个，与1978年相比，分别增长了92.5%和5670.0%。

二是艺术创作繁花似锦，优秀作品蓬勃涌现。近五年，涌现出民族歌剧《沂蒙山》《马向阳下乡记》、吕剧《大河开凌》、杂技剧《铁道英雄》等一批精品力作，先后收获2个"五个一工程"奖、1个"文华大奖"、1个国家舞台艺术精品入选剧目、2个群星奖等重量级文艺奖项。2020年，话剧《孔子》成功立上舞台，群众艺术作品《未曾遗忘的爱》荣获第十五届"华东六省一市"戏剧小品大赛金奖；全省11部作品入选文化和旅游部"庆祝建党成立100周年舞台艺术精品创作工程"重点扶持作品名单，列全国前茅；反映习近平总书记两次回信、指导云南怒江独龙族整体脱贫的网络电影《春来怒江》，列入中宣部宣传思想工作要点，入选全国"精品创作传播工程"。

三是文化产业加快发展，市场体系不断培育。2017年起，山东连续举办四届文化惠民消费季，2020年"第四届山东文化和旅游惠民消费季"，省、市、县三级发放使用惠民消费券1.5亿元，直接带动消费9.84亿元，间接带动消费115亿元。2020年，全省文化产业法人单位从业人员100.8万人，实现营业收入14719.8亿元，分别是2004年的1.34倍和9.0倍；文化新业态快速发展，168家全省规模以上文化新业态企业资产合计983.3亿元，增长17.1%；实现营业收入448.5亿元，增长7.8%；实现利润总额17.6亿元，增长152.2%。不断深入推进文化市场技术监管与服务平台应用，建成全国文化市场技术监管与服务平台北方分中心，服务覆盖12个省份，成为全国第一个所有市、县全面实现平台上网运行的省份。

四是优秀文化传承发展，文旅融合共同推进。创新推进"图书馆+书院"模式，尼山书院、乡村儒学、社区儒学建设全面铺开，全省图书馆尼山书院基本实现全覆盖，累计建成乡村、社区儒学讲堂7400多个。坚持创造性传承、创新性保护、创意性发展，《济南市非遗传承与学校教育融合工程》等4个案例入选2020全国非遗进校园十大实践案例、非遗与旅游融合发展十大优秀案例，入选数量全国最多。在全国博物馆定级评估中，山东一、二、三级博物馆数量，非国有博物馆数量、革命类博物馆数量等六个指标，均居全国第一。顺应融媒体发展趋势，建成全国粉丝量最多的文旅新媒体传播矩阵，现有微信、微博、抖音、头条号等新媒体账号19个，日均发文量110篇，2020年阅读量约达16亿人次。着眼让文化名片"亮"起来、文物遗产"活"起来、文旅产业"强"起来，积极发展文化旅游新业态，全省A级旅游景区达到1200余家，其中5A级景区12家，数量分别居全国第一和第六位。

五是文化交流日趋活跃，齐鲁文化更添魅力。2013年"十艺节"在山东举办期间，中外演职人员、国内艺术家和领导嘉宾、省外观众总计近3万人赴鲁参与各项活动，我省共有3台剧目荣获"文华大奖"，1台剧目荣获"文华大奖特别奖"，荣获"文华奖"单项奖33个，创历届艺术节一个省份参赛和获奖数量之最、山东获大奖数量和获奖总数之最。近年来，成功举办世界儒学大会，颁发"孔子文化奖"；省杂技团《鼓韵》参加中非合作论坛《中非时刻》文艺晚会取得圆满成功，习近平总书记及50多位国家元首观看演出。"十三五"期间，山东举办中国（曲阜）国际孔子文化节、尼山世界文明论坛等国际性文化活动，与150多个国家和地区建立了文化交流关系，省直及各市艺术院团平均每年赴国外、境外举办演出、美展、非遗展1000余场，成为我国对外文化交流最活跃的省份之一。

一个国家、一个民族的强盛，总是以文化兴盛为支撑的。建成更高质量的小康社会，让全省老百姓生活更加富裕、精神文化生活更加丰富，在为新生活、新目标奋斗的征程上，我们只有起点，没有终点。回首过往，全省上下将"文化"之于社会主义现代化建设强大动能作用的深刻理解和把握贯穿始终，取得巨大建设成就；展望未来，向第二个百年奋斗目标进军的号角已经吹响，"七个走在前列、九个强省突破"蓝图已然绘就，山东文化建设必将以新的担当、新的使命，焕发出强大内生动力，凝聚起全面建成小康社会的精神力量，创造出无愧于党、无愧于人民、无愧于时代的更大业绩！

（撰稿：山东省统计局　魏修军）

2020年山东文化发展统计分析报告

2020年是决战脱贫攻坚、决胜全面建成小康社会之年，也是"十三五"规划收官之年，全省文化和旅游系统坚持以习近平新时代中国特色社会主义思想为指导，深入学习贯彻习近平总书记对山东工作的重要指示要求，认真落实省委省政府部署安排，紧紧围绕"走在前列、全面开创"目标定位，以融合发展、高质量发展为主线，开拓创新、攻坚克难，各项工作取得新成绩。

一、机构和人员

2020年末，纳入统计范围的全省各类文化（文物）单位18913个，比上年减少2076个；从业人员98726人，比上年减少958人。其中，各级文化文物部门所属单位3095个，比上年减少3个；从业人员33783人，比上年增加727人。

图1 2016—2020年山东省文化单位机构数及从业人员数

二、艺术创作演出

歌剧《沂蒙山》推出首演舞台版、巡演舞台版、音乐会版（包括戏剧音乐会版、合唱重唱音乐会版、音乐会简版）不同版本，适应不同场合演出需要，囊括第30届上海白玉兰戏剧表演艺术奖主角奖、配角奖和新人奖，是该奖项历史上的唯一大满贯。

复排京剧《奇袭白虎团》，被列为抗美援朝70周年纪念活动全国两部重点演出剧目之一，进京演出4场。话剧《孔子》成功立上舞台。大型原创杂技剧《铁道英雄》成功首演。民族歌剧《沂蒙山》、吕剧《苦菜花》、民族歌剧《马向阳下乡记》、山东梆子《承诺》入选文旅部主办的各类展演展播活动。儿童剧《童年》入选第六届全国少数民族文艺汇演。群众艺术作品《未曾遗忘的爱》荣获第十五届"华东六省一市"戏剧小品大赛金奖，大平调小戏曲《护犊》、小品《牵挂》、山东梆子小戏《心灯》获得银奖。

全省16部作品获得国家级扶持，15部作品入选国家展演展示平台，总数同比增长35%。其中，11部作品成功入选文化和旅游部"庆祝建党成立100周年舞台艺术精品创作工程"重点扶持作品名单，列全国前茅。

年末全省共有公有制艺术表演团体103个，比上年减少1个，从业人员5381人，减少284人。全年共演出2.16万场，比上年减少0.36万场，其中赴农村演出1.617万场，比上年减少0.154万场；国内观众1663.43万人次，比上年减少399.17万人次，其中农村观众1308万人次，比上年减少192万人次；演出收入8297.3万元，比上年减少5065.7万元。

表1　　　　　　2016—2020年我省国有艺术表演团体基本情况

年份	机构数（个）	从业人员数（人）	演出场次（万场）	国内演出观众人次（万人次）	演出收入（万元）
2016	103	5651	2.73	2443	7560
2017	105	5689	2.67	2227	7782
2018	105	5539	2.67	2128	9668
2019	104	5665	2.52	2063	13363
2020	103	5381	2.16	1663	8297

年末全省公有制艺术表演团体共组织政府采购公益演出 1.49 万场，比上年减少 5.7%；观众 1103.46 万人次，减少 11.67%。利用流动舞台车演出 1.33 万场，减少 9.5%；观众 1119 万人次，减少 15.7%。

年末全省公有制艺术表演场馆 87 个，比上年减少 6 个，观众座席数 62107 个，比上年减少 2580 个；全年共举行艺术演出 2042 场次，比上年减少 46.8%，艺术演出观众人次 115.67 万人次，比上年减少 41.8%。

年末全省共有国有美术馆 58 个，比上年增加 3 个，从业人员 427 人，比上年增加 53 人。全年共举办展览 668 个，比上年减少 27%，参观人次 235.44 万人次，比上年减少 49%。

三、公共文化服务体系

2020 年，省市县乡村五级公共文化服务设施网络不断完善，全省 1822 个乡镇（街道）和 6.6 万余个行政村（社区）综合性文化服务中心基本实现全覆盖。8 个市、35 个县（区）建成公共文化子云，32 个市级公共文化场馆、141 个县级公共文化场馆在山东公共文化云注册。扎实开展县级文化馆、图书馆总分馆制建设，全省 137 个县级文化馆已经全部完成总分馆制建设，132 个县级图书馆完成总分馆制建设。全省建成城市书房 242 个，建筑面积合计 7.44 万㎡，总藏书量 1256 万余册。完成第四批国家公共文化服务体系示范区验收，开展第五次全国文化馆评估定级。6 家文化和旅游公共服务机构被文旅部列为文旅机构功能融合试点单位，认定 22 家省级试点单位。

组织开展大家创、大家唱、大家演、大家拍、大家评"五个大家"系列活动，以及艺术进景区、艺术普及进机关、第三届全省少儿诗词诵读大赛等群众文化活动。持续推进"一村一年一场戏"免费送戏活动，全年共演出约 9 万场，超额完成全年计划。开展省市县三级联合购买文化惠民演出工作，全省 31 个县（市、区）的 33 家剧场加入山东剧场院线，为基层群众送去 44 部精品剧目、152 场高水平演出。开展"春雨工程"文化志愿者边疆行—山东省书画名家走进海北州"大展台""大讲堂"活动。开展"蓓蕾艺术工作站讲好中华优秀传统文化故事会"优秀作品评选活动、"暖阳春苗"文化志愿服务项目、"文润心田——学雷锋文化志愿服务"等志愿服务活动项目。

（一）公共图书馆

年末全省共有公共图书馆154个，其中少儿图书馆1个，均与上年持平。年末全省公共图书馆从业人员2904人，比上年增加88人。其中具有高级职称的人员470人，占16.18%；具有中级职称的人员1066人，占36.71%。

年末全省公共图书馆实际使用房屋建筑面积114.74万平方米，比上年增加6.3%；图书总藏量6975.4万册，比上年增长5.44%，其中古籍140.855万册；阅览室座席数69624个，比上年增长8.96%；计算机11737台，比上年减少1.5%。

年末全省平均每万人公共图书馆建筑面积113平方米，比上年增加5.8平方米；全省人均图书藏量0.69册，比上年增加0.03册；全年全省人均购书费1.01元，比上年增加0.06元。

图2　2016—2020年山东省公共图书馆人均资源情况

全年全省公共图书馆实际持证读者702.57万个，比上年增长17.2%；总流通人次3574.43万，比上年减少31.85%。书刊文献外借册次2412.3万，比上年减少33.4%；外借人次1489.4万，比上年减少34.3%。全年共为读者举办各种活动14688次，比上年减少10.7%；参加人次464.33万，比上年减少2.1%。

图3　2016—2020年山东省公共图书馆总流通人次及书刊外借册次

（二）群众文化机构

年末全省共有群众文化机构1979个，比上年增加5个。其中乡镇综合文化站1207个，比上年减少1个。年末全省群众文化机构从业人员8515人，比上年增加70人。其中具有高级职称的人员451人，占5.3%；具有中级职称的人员1199人，占14.1%。

年末全省群众文化机构实际使用房屋建筑面积289.66万平方米，比上年增

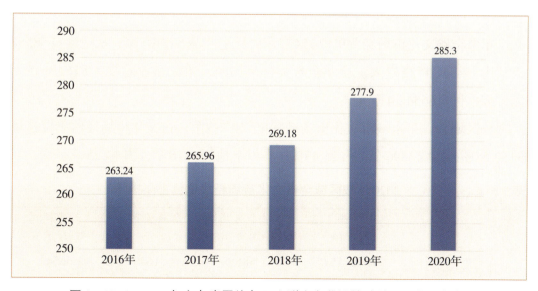

图4　2016—2020年山东省平均每万人群众文化设施建筑面积（平方米）

长3.52%；年末全省平均每万人群众文化设施建筑面积285.3平方米，比上年提高7.4平方米。

全年全省群众文化机构共组织开展各类文化活动177739场次，比上年减少11.73%；服务人次5565.41万，比上年减少15.18%。

表2   2020年全省群众文化机构开展活动情况

	总量		比上年增长	
	活动次数（次）	服务人数（万人次）	活动次数（次）	服务人次（万人次）
各项活动总计	177739	5565.41	−11.73%	−15.18%
其中：展览	9803	547.88	−15.88%	−56.23%
文艺活动	117743	4607.97	−3.16%	−3.78%
公益性讲座	2722	55.87	−13.48%	−32.28%
训练班	47471	353.69	−26.94%	−19.28%

年末全省群众文化机构共有馆办文艺团体651个，演出12072场，观众451.26万人次。由文化馆（站）指导的群众业余文艺团体33697个，馆办老年大学53个。

四、文化市场

（一）文化市场经营

年末全省文化市场经营单位15477家，比上年减少2105家；从业人员58558人，比上年减少2297人。全年全省文化市场经营单位营业总收入816496.5万元，营业利润66542.4万元。

分区域看，年末城市文化市场经营单位4733个，占文化市场经营单位总量的30.58%；县城3896个，占25.17%；县以下地区6848个，占44.25%。

表3   2020年按区域全省文化市场经营单位主要指标

		机构数（个）	从业人员数（人）	营业总收入（万元）	营业利润（万元）
总量	总计	15477	58558	816497	66542
	城市	4733	19328	628874	72969

		机构数（个）	从业人员数（人）	营业总收入（万元）	营业利润（万元）
总量	县城	3896	35155	167257	−8424
	县以下	6848	4075	20366	1997
比重（%）	总计	100	100	100	
	城市	30.58	33.01	77.02	
	县城	25.17	60.03	20.48	
	县以下	44.25	6.96	2.49	

年末全省共有娱乐场所3172个，从业人员12896人，全年营业总收入99318万元，营业利润7000万元。

年末全省共有互联网上网服务营业场所9461个，从业人员11725人，全年营业总收入83273万元，营业利润−3640万元。

年末全省共有非公有制艺术表演团体1463个，从业人员23605人，全年共演出11.84万场，全年营业总收入37208万元，其中演出收入24707万元。

（二）文化市场管理

全面实施"双随机、一公开"监管、差异化监管，落实"不罚清单""轻罚清单"，持续优化营商环境、减轻企业负担。强化文化和市场监管执法，研发推广网吧上网实名身份认证系统"文旅通App"，开展了旅游市场、营业性演出市场、网络表演市场、打击治理旅游领域跨境赌博等八大专项行动，全省全年共出动执法人员34.8万人次，检查经营单位12.5万家次，办结案件2864起。常态化开展四轮"体检式"暗访，督促整改问题9类2300余条。强化制度建设，建立了全省文化和旅游市场考评机制和月通报制度，出台了《山东省文化和旅游市场暗访工作规范（试行）》《山东省文化和旅游系统"三书一函"办理规定》等制度，为文化和旅游市场秩序的长效常治奠定了良好基础。强化文化市场综合行政执法改革，与省委宣传部、省委编办、省司法厅等7部门联合印发文件，对16市进行巡回督导，推进文化市场综合行政执法改革，进一步厘清职责、权限，理顺体制。

大力优化审批服务，深化"一窗受理·一次办好"改革，全面推行"店小二式服务"和"保姆式服务",对部分事项实行容缺办理。推动减权放权,省级行政权力下放事项共29项,涉及受委托单位69个(16市文旅局、11市审批局、济青烟3个自贸区、上合示范区、青岛西海岸新区和37个国家级功能区)。深入推进"减证便民"措施,制定省文化和旅游系统证明事项通用清单15项、编制实施清单13项,并向社会公示,方便群众办事。

五、文化产业

推动文化产业园区基地规范化建设,台儿庄古城文化产业园被命名为国家级文化产业示范园区,青州中晨书画艺术产业园获国家级文化产业示范园区创建资格,数量位居全国首位。文化创意产业3个集群入选省"十强"产业"雁阵形"集群库(第二批),总数达6个;2家企业入选集群领军企业库(第二批),总数为5个。

创新举办"第四届山东文化和旅游惠民消费季",省、市、县三级发放使用惠民消费券1.5亿元,直接带动消费9.84亿元,间接带动消费115亿元。策划开展乐游齐鲁、乐赏齐鲁、乐享齐鲁、乐购齐鲁、乐活齐鲁、乐智齐鲁六大系列8793项主题活动,全省累计参与群众达到2.5亿人次。济南、青岛2市入选第一批国家文化和旅游消费示范城市(全国共15个),烟台、淄博2市入选第一批试点城市,总数位居全国第一。

完善全省文旅重点项目库建设,济南明水古城、聊城高唐书画文创产业园等166个优质文旅项目纳入省级重点项目库,计划总投资达4944.1亿元。济宁尼山圣境、泰安新闻出版小镇、临沂彩虹小镇等一批重点项目加快建设。大力实施招商引资,组织开展"知名文旅企业家山东行""2020好客山东文旅项目云招商"等活动。

六、文物业

在全国第四批博物馆定级评估中,山东省99家博物馆成功晋级,一、二、三级博物馆数量,非国有博物馆数量、革命类博物馆数量等六个指标,均居全国第一。《山东省红色文化保护传承条例》颁布,为全国第一个。93个县(市、区)入选第二批革命文物保护利用片区分县名单,居全国第一位。13处文物保护单位入选国务院公布的三批抗战纪念设施，数量居于全国第一。完成全省不可移动革命文物普查工作。公布了全省第一批革命文物名录。

年末全省共有文物机构748个，比上年增加21个。其中，文物保护管理机构91个，占12.17%，博物馆577个，占77.14%。年末全省文物机构从业人员12401人，比上年末增加411人。其中高级职称902人，占7.27%，中级职称1843人，占14.86%。

年末全省文物机构拥有文物藏品487.55万件，比上年增加25.75万件。其中，博物馆文物藏品460.73万件，占文物藏品总量的94.5%；文物保护管理机构文物藏品13.99万件，占2.87%。文物藏品中，一级文物0.6万件，占0.12%；二级文物1.5万件，占0.31%；三级文物10.16万件，占2.08%。

全年全省文物机构共举办基本陈列2066个，临时展览1064个，接待观众4204万人次，比上年减少54%。其中未成年人1185万人次，比上年减少55%，占参观总人数的28.19%。博物馆接待观众3525万人次，比上年减少54%，占文物机构接待观众83.85%。

七、非物质文化遗产

成功举办第六届中国非物质文化遗产博览会、2021中国年画传承发展大会、第四届山东省非遗精品展、2020年"文化和自然遗产日"非物质文化遗产宣传展示活动和首届山东非遗购物节。青岛、东营入选全国"非遗在社区"试点市，入选数量全国最多。《济南市非遗传承与学校教育融合工程》《胶州市胶州秧歌、三铺龙拳进校园实践案例》《济南市百花洲历史文化街区让城市更美好》《枣庄市"非遗+"促进文旅融合高质量发展》4个案例入选2020全国非遗进校园十大实践案例、非遗与旅游融合发展十大优秀案例，入选数量全国最多。"山水鲁韵非遗之旅"和"鲁风运河非遗之旅"2条子线路组成的"齐风鲁韵非遗之旅"入选2020年全国12条非遗主题旅游线路。成功举办山东地方戏曲小剧种传承人表演、陶瓷（黑陶）技艺、雕刻技艺、书画装裱技艺等研修研习班次。

全省共有联合国教科文组织认定的"人类非遗代表作名录"项目8个，国家级代表性项目名录186项，省级代表性项目名录751项，市级代表性项目名录

4121项，县级代表性项目名录12758项；国家级代表性传承人90名，省级代表性传承人429名，市级代表性传承人2553名，县级代表性传承人8025名。全省有1个国家级文化生态保护实验区，即齐鲁文化（潍坊）生态保护区，有曹州文化生态保护实验区等10个省级文化生态保护实验区。

年末全省共有非物质文化遗产保护机构150个，从业人员702人。全年全省非物质文化遗产保护机构共举办展览1079次，比上年减少32.86%，接待观众168.44万人次，比上年减少38.82%；举办演出6,414场，比上年增加14.95%，观众261.6万人次，比上年减少16.36%；举办民俗活动915次，比上年减少43.97%，观众293.96万人次，比上年减少28%；举办培训班1426次，比上年减少11.21%，培训人数7.39万人次，比上年减少25.5%。

八、对外和对台港澳文化交流

成功举办2020中国（曲阜）国际孔子文化节（尼山世界文明论坛）。继续实施"孔子文化和旅游使者"计划，我省海外重点客源市场孔子旅游大使、专家、使者总人数达1万余名。与韩国艺总开展"和平与艺术——山东现代美术精品展"。成功举办对话山东——"好客山东"文化和旅游产品线路推介会、山东"六好"优质文化旅游产品境外评选活动，组织线上参加2020香港国际授权展、第八届澳门国际旅游博览会"云推广"活动、"第十二届中国—葡语国家文化周"活动、第三届上海进口博览会等。组织实施海外"欢乐春节"活动，组织山东艺术团赴新加坡参加第34届"春到河畔"活动，赴塞尔维亚贝尔格莱德举办"欢乐春节"庙会。创新发展入境旅游市场，开展"境内外国人游山东"活动。

九、文化资金投入

（一）文化事业费

2020年我省文化事业费50.31亿元，比上年增加5.12亿元，增长11.33%。分地区看，有5个市文化事业费投入超过3亿元，分别是青岛6.7亿元、济南4.8亿元、济宁4.7亿元、烟台3.9亿元、临沂3.1亿元。青岛、烟台、潍坊、济宁、临沂、滨州6市增长幅度超过全省平均水平。

图5 2016—2020年文化事业财政拨款及增长速度

文化事业费占财政总支出的比重为0.45%，比重比上年增加0.03%。

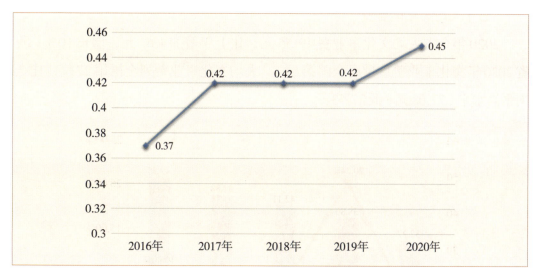

图6 2016—2020年文化事业费占财政总支出比重（%）

（二）文物事业费

2020年我省文物事业费12.47亿元，比上年减少2.18亿元，减少14.88%；文物事业费占财政总支出的比重为0.11%。分地区看，有4个市的文物事业费投入超过1亿元，分别是济宁1.8亿元、潍坊1.1亿元、临沂1亿元、济南1亿元。

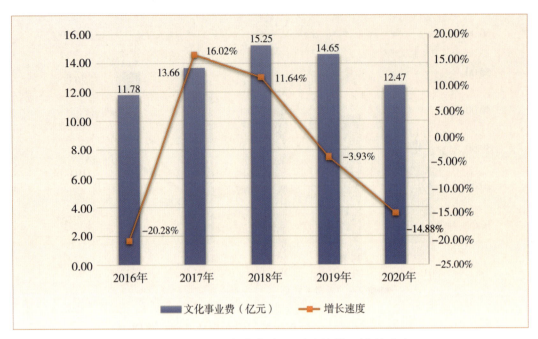

图7　2016—2020年文化事业财政拨款及增长速度

（三）人均文化事业费

2020年全省人均文化事业费49.55元，比上年增加4.67元，增长10%。我省2020年文化事业费总量居全国第5位，人均文化事业费列全国第27位，比全国平均水平（77.08元）低27.53元。

图8　2016—2020年全省人均文化事业费及增速情况

分地区看，2020年全省有7个市人均文化事业费超全省平均水平，分别是东营73.97元、青岛66.61元、威海63.75元、济宁56.29元、烟台54.89元、淄博57.56元、济南52.4元。

从文化事业费占地方财政支出的比重来看，有5个市超过全省平均水平，最高的济宁市0.68%，最低的滨州市0.28%、菏泽市0.28%（详情见下表）。

表4　　　2020年全省各市文化事业费占财政支出与人均文化事业费情况表

地区	文化事业财政拨款（亿元）	文化事业财政拨款占地方财政支出的比重（%）	人均文化事业费（元）
全省	50.31	0.45%	49.55
济南市	4.82	0.37%	52.40
青岛市	6.71	0.42%	66.61
淄博市	2.71	0.52%	57.56
枣庄市	0.87	0.32%	22.65
东营市	1.62	0.52%	73.97
烟台市	3.90	0.46%	54.89
潍坊市	2.92	0.37%	31.08
济宁市	4.70	0.68%	56.29
泰安市	1.36	0.31%	24.86
威海市	1.85	0.53%	63.75
日照市	1.05	0.37%	35.35
临沂市	3.14	0.40%	28.50
德州市	1.63	0.34%	29.04
聊城市	1.66	0.36%	27.89
滨州市	1.23	0.28%	31.35
菏泽市	1.79	0.28%	20.35

（撰稿：山东省文化和旅游厅　张婧文）

2020年全省新闻出版产业发展报告

2020年，全省新闻出版系统以习近平新时代中国特色社会主义思想为指导，面对新冠病毒疫情造成的严峻挑战，坚决贯彻习近平总书记关于打赢疫情防控阻击战的重要指示精神，认真落实省委省政府决策部署，把社会效益放在首位、实现社会效益和经济效益相统一，积极引导行业做好疫情防控和恢复生产经营，实现了平稳过渡。

一、产业总体规模保持全国前列

2020年受新冠肺炎疫情影响，全省新闻出版产业资产总计1991.68亿元，同比下降5.4%；期末所有者权益994.16亿元，同比下降2.65%；实现主营业务收入1831.87亿元，同比下降13.41%，在全国排名第3。其中，图书出版实现主

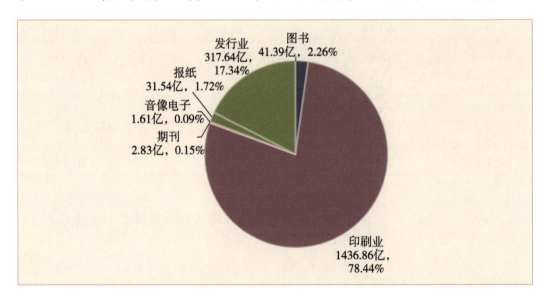

图1　各类新闻出版业务营业收入（亿元）

营业务收入41.39亿元，报纸出版31.54亿元，期刊出版2.83亿元，音像电子出版1.61亿元，印刷业1436.86亿元，发行业317.64亿元。

二、图书结构调整走向深入

2020年，全省图书出版单位17家（含山东出版传媒股份有限公司本部），实现主营业务收入41.39亿元，较上年增长3.37%；利润总额8.37亿元，同比下降3.79%；新出图书5230种，同比上涨2.09%；重印图书10176种，同比降低9.35%。其中，山东教育出版社、齐鲁书社、中国石油大学出版社、山东科学技术出版社、山东大学出版社、青岛出版社、山东画报出版社、济南出版社等8家出版单位的20个项目入选2020年度国家出版基金。山东人民出版社《为了新中国——革命烈士纪念碑碑文敬读》，山东画报出版社《捧起希望》，青岛出版社《写给青少年的党史》入选2020年度主题出版重点出版物选题。

表1　　　　　　　　2020年出版的销售码洋排名前10的图书

序号	图书名称	出版社	码洋（万元）
1	藏在地图里的国家地理·世界	山东省地图出版社	4768.00
2	信谊世界精选图画书——猜猜我有多爱你	明天出版社	3187.60
3	笑猫日记——幸运女神的宠儿	明天出版社	2400.21
4	笑猫日记——戴口罩的猫	明天出版社	2400.00
5	学会爱自己（全3辑）	青岛出版社	2400.00
6	罗尔德·达尔作品典藏（13本套装）	明天出版社	2372.87
7	罗尔德·达尔作品典藏（彩图拼音版）——了不起的狐狸爸爸	明天出版社	1960.22
8	罗尔德·达尔作品典藏（彩图拼音版）（5本套装）	明天出版社	1534.94
9	信谊世界精选图画书——蚯蚓的日记	明天出版社	1175.32
10	小巴掌童话	山东科技出版社	1104

注：未包含课本及山东省幼儿园课程指导用书。

三、印刷业继续保持主导地位

受新冠肺炎疫情影响，印刷业实现主营业务收入1436.86亿元，同比下降

16.81%。2020年印刷业智能化融合发展水平不断提高，山东世纪开元、绿爱创客等一批印刷企业形成网络化生产链，引领全省印刷业向互联网融合发展。出版物印刷企业保障能力不断增强，高标准、高质量承印《习近平谈治国理政》第三卷等重点出版物1000余万册，得到省委主要领导肯定批示。全年完成中小学教科书2亿多册的印制任务。印刷园区建设凸显成效，泰山新闻出版小镇、临沂新华印刷物流产业园等实现编、印、发、仓储、物流及文化创意为核心的上下游产业链联动配套发展。泰山新闻出版小镇2020年入选第二轮"全国特色小镇典型经验"，并在全国推广。

四、出版物发行业转型升级步伐加快

2020年，出版物发行业实现主营业务收入317.64亿元，同比下降11.46%。受疫情影响，发行单位营业时长缩短，导致行业收入下降。新华书店作为骨干发行企业，营业收入占比45%，在全行业起到示范引领作用。实体书店升级改造步伐加快，着力打造多元复合文化空间，全省涌现出100余家山东最美书店，5000平方米以上的大型书城14个。网上书店继续保持稳健增长，面对疫情不利影响，发行单位创新拓展网上渠道，全省共有网上书店2548家，同比增长21%，实现出版物销售额26亿元，增速达116.7%。

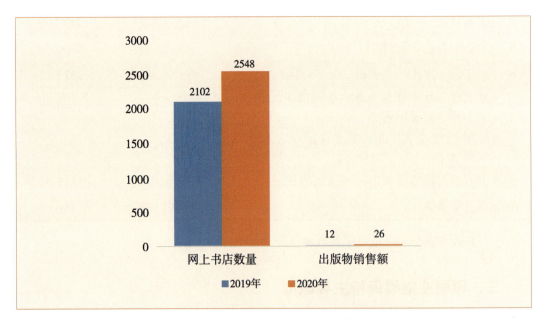

图2　网上书店数量（家）、出版物销售额（亿元）

五、音像电子出版实现逆势增长

2020年音像电子出版单位创新发展方式，探索开发了系列高端音像电子产品，实现逆势增长。音像制品实现营业收入12607.69万元，增加值4038.07万元，分别同比增长42.58%、48.80%。电子出版物实现营业收入3549万元，增加值1354.33万元，同比增长1.4%、59.68%。

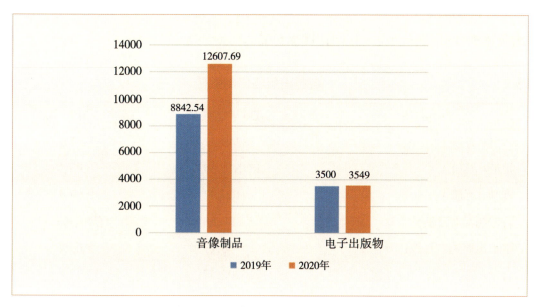

图3　音像制品、电子出版物营业收入（万元）

六、主要报业出版集团改革发展成效显著

山东大众报业（集团）有限公司大力推进供给侧结构性改革，僵尸企业全部出清，企业亏损面从26%降至12%，集团所属企业由78家减至58家，半岛传媒、鲁中传媒、华泰印务等实现扭亏为盈。2020年实现主营业务收入14.19亿元，同比下降12%；营业利润2.41亿元，较上年增长1.24亿元，上升106%。山东出版集团有限公司实现营业收入102.72亿元，同比增长1.38%；利润总额14.7亿元，同比下降7.34%；资产总额268.82亿元，同比增长9.17%。获国家出版类大奖及入选各类重点出版项目、规划121项，荣获全国文化企业30强，综合实力继续位居全国出版文化企业前列。

产业结构分析

2020年，全省出版图书、报纸、期刊、音像制品、电子出版物总数为215208.57万册（万份、万张、万盒），同比减少13.33%。其中，图书53349.51万册，同比减少3.57%；报纸154621.39万份，同比减少15.93%；期刊7109.92万册，同比减少9.67%；音像制品37.58万张（万盒），同比减少77.43%；电子出版物90.17万张（万盒），同比增加5.65%。

表2　　　　　　　　　　各类出版物印制数量

类型	2020年总数量	同比
图书（万册）	53349.51	−3.57%
报纸（万份）	154621.39	−15.93%
期刊（万册）	7109.92	−9.67%
音像制品（万张、万盒）	37.58	−77.43%
电子出版物（万张、万盒）	90.17	5.65%
合计（万册、万份、万张、万盒）	215208.57	−13.33%

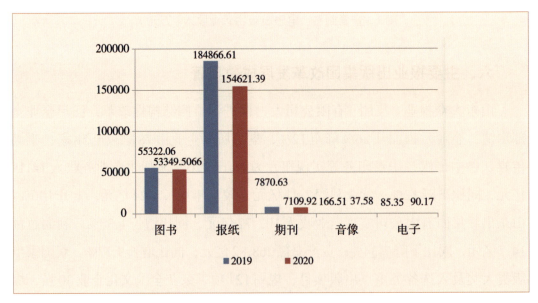

图4　各类出版物印制数量（万册、万份、万张、万盒）

一、图书出版

（一）图书出版主要指标

2020年，全省出版图书15406种，同比减少5.76%；总印数53349.51万册，同比减少3.57%；总印张3819457.54千印张，同比增加4.89%；定价总金额74.22亿元，同比增加5.32%。

表3   图书出版主要指标

指标	2020年	同比
品种数（种）	15406	−5.76%
总印数（万册）	53349.51	−3.57%
总印张（千印张）	3819457.54	4.89%
定价总金额（亿元）	74.22	5.32%

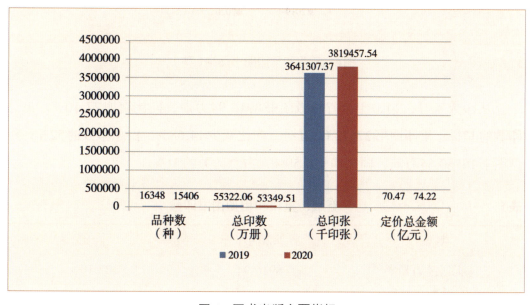

图5　图书出版主要指标

（二）新版和重印图书

从品种数来看，2020年全省新版图书5230种，同比增加2.09%；重印图书10176种，同比减少9.35%。

表4 新版和重印图书品种

类型	2020年	同比
新版图书（种）	5230	2.09%
重印图书（种）	10176	−9.35%

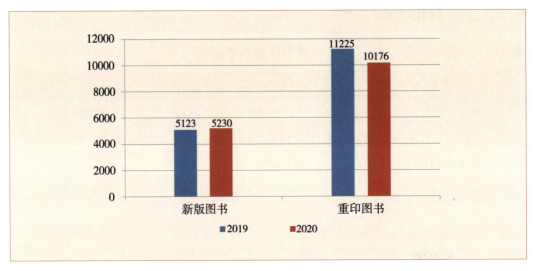

图6　新版和重印图书品种（种）

从印数来看，2020年全省新版图书8916.94万册，同比增加27.10%，占总印数的17%；重印图书27672.02万册，同比减少14.68%，占总印数的52%；租型图书16760.55万册，同比增长5.59%，占总印数的31%。

表5 新版、重印和租型图书印数

类型	2020年	同比
新版图书（万册）	8916.94	27.10%
重印图书（万册）	27672.02	−14.68%
租型图书（万册）	16760.55	5.59%

图 7　新版、重印和租型图书印数（万册）

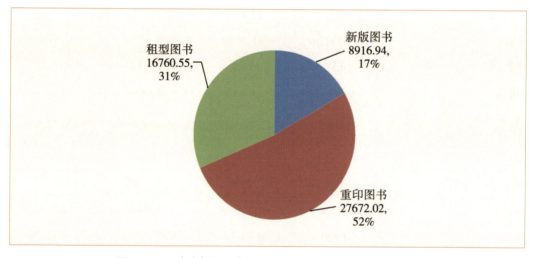

图 8　2020 年新版、重印和租型图书印数（万册）结构

（三）图书产品结构

按照中国图书馆分类法分类，2020 年出版最多的为"G 文化、科学、教育、体育"类，11099 种，占图书品种数的 72.52%，印数 47824.10 万册，占图书总印数的 89.75%；其次为"I 文学"，1900 种，占图书品种数的 12.42%，印数 3870.37 万册，占图书总印数的 7.26%；其他图书 2304 种，占图书品种数的 15.06%，印数 1592.24 万册，占图书总印数的 2.99%。

表6　　　　　　　　　　　　图书产品结构

	种数 （种）	总印数 （万册、万张）	总印张 （千印张）	定价总金额 （万元）
A马克思主义、列宁主义、毛泽东思想	5	0.97	94.81	41.84
同比	−44.44%	−42.55%	−45.14%	−40.91%
B哲学	163	65.44	8219.34	3688.74
同比	−36.33%	2.58%	−9.68%	−27.31%
C社会科学总论	59	50.03	4629.44	1956.30
同比	31.11%	42.34%	14.23%	25.42%
D政治、法律	160	112.04	17580.60	4514.18
同比	15.11%	−12.15%	58.89%	−4.79%
E军事	33	12.61	1696.90	777.36
同比	50.00%	−41.55%	−19.57%	−0.52%
F经济	137	33.24	4986.12	1753.22
同比	−34.13%	−14.91%	−24.00%	−30.99%
G文化、科学、教育、体育	11099	47824.10	3358609.69	545432.56
同比	−3.83%	−3.34%	5.86%	6.66%
H语言、文字	141	122.47	11792.49	4370.53
同比	−30.54%	−15.23%	−11.54%	−14.21%
I文学	1900	3870.37	278222.43	115931.29
同比	−8.87%	−13.43%	−12.73%	−1.27%
J艺术	230	74.55	9453.02	7702.95
同比	−37.50%	−30.96%	−28.94%	−28.48%
K历史、地理	450	592.04	53996.77	29036.51
同比	−3.23%	56.08%	66.97%	41.43%
N自然科学总论	35	30.81	2157.16	910.06
同比	483.33%	148.31%	102.86%	83.64%
O数理科学、化学	79	41.14	5264.27	1543.98
同比	12.86%	24.85%	6.98%	62.62%
P天文学、地球科学	51	32.71	4184.24	2281.78

	种数（种）	总印数（万册、万张）	总印张（千印张）	定价总金额（万元）
同比	−8.93%	9.31%	31.02%	42.66%
Q生物科学	74	67.17	5049.84	2877.14
同比	105.56%	263.37%	201.95%	122.81%
R医药、卫生	197	78.42	9842.37	4365.30
同比	−8.80%	0.76%	−28.06%	−26.45%
S农业科学	26	8.93	1173.88	678.80
同比	−49.02%	−49.52%	−15.67%	12.25%
T工业技术	362	206.40	30288.57	9924.12
同比	−11.27%	−0.81%	12.90%	7.90%
U交通运输	40	15.63	2577.01	844.46
同比	−42.86%	13.87%	72.10%	63.12%
V航空、航天	2	1.40	138.50	51.00
同比				
X环境科学	24	7.61	670.77	264.36
同比	−27.27%	−54.14%	12.78%	−26.44%
Z综合性图书	36	38.63	4115.02	2128.53
同比	−40.98%	48.20%	35.93%	−43.94%

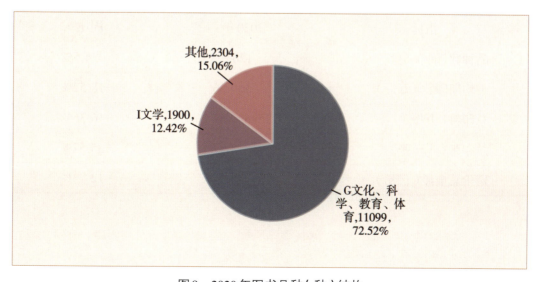

图9 2020年图书品种（种）结构

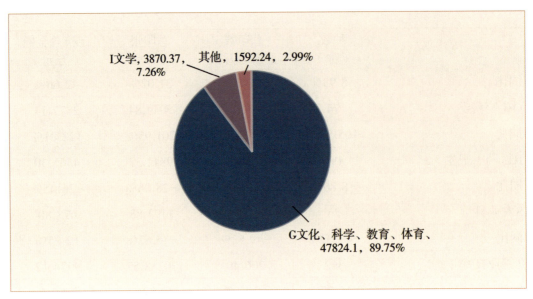

I文学, 3870.37, 7.26%

其他, 1592.24, 2.99%

G文化、科学、教育、体育、47824.1, 89.75%

图10 2020年图书印数（万册）结构

二、报纸出版

（一）报纸出版主要指标

2020年，全省共有报纸126种（其中高校校报44种），平均期印数560.36万份，总印数154621.39万份，总印张4581818.92千印张，定价总金额16.94亿元，分别同比变化-4.5%、-18.52%、-16.36%、-35.57%、-12.73%。

表7　　　　　　　　　　　　　报纸出版主要指标

指标	2020年	同比
品种数（种）	126	-4.5%
平均期印数（万份）	560.36	-18.52%
总印数（万份）	154621.39	-16.36%
总印张（千印张）	4581818.92	-35.57%
定价总金额（亿元）	16.94	-12.73%

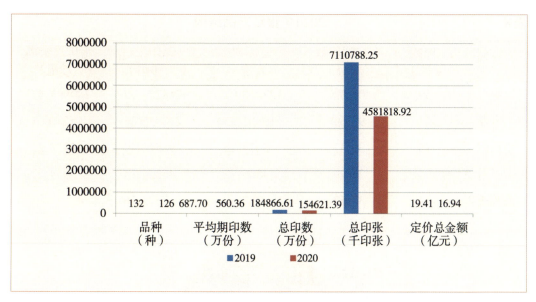

图11 报纸出版主要指标

（二）报纸产品结构

1.综合类报纸39种，平均期印数402.32万份，总印数127073.07万份，总印张4218220.92千印张，定价总金额144997.47万元，分别同比变化-2.50%、-14.62%、-16.15%、-36.16%、-13.3%。

2.专业类报纸24种，平均期印数98.69万份，总印数19301.35万份，总印张218826.36千印张，定价总金额15270.63万元，分别同比变化-7.69%、-10.82%、-8.82%、-14.84%、-4.57%。

3.生活服务类报纸15种，平均期印数33.37万份，总印数3677.25万份，总印张98546.49千印张，定价总金额5135.32万元，分别同比变化-6.25%、-28.16%、-29.49%、-44.52%、-24.8%。

4.读者对象类报纸4种，平均期印数25.99万份，总印数4569.72万份，总印张46225.15千印张，定价总金额3954.37万元，分别同比变化0%、-7.49%、-23.7%、-22.82%、-1.55%。

5.高校校报44种，平均期印数30.62万份，总印数777.64万份，总印张7572.26千印张，分别同比变化-0.43%、-2.11%、-18.41%、-15.25%。

表8　　　　　　　　　　　2020年报纸产品结构

类型	种数（种）	平均期印数（万份）	总印数（万份）	总印张（千印张）	定价总金额（万元）
综合	39	402.32	127073.07	4218220.92	144997.47
专业	24	98.69	19301.35	218826.36	15270.63
生活服务	15	33.37	3677.25	98546.49	5135.32
读者对象	4	25.99	4569.72	46225.15	3954.37
高校校报	44	30.62	777.60	7572.26	/

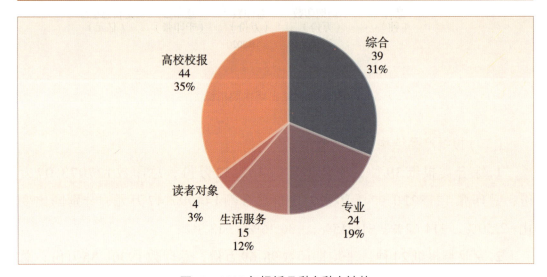

图12　2020年报纸品种（种）结构

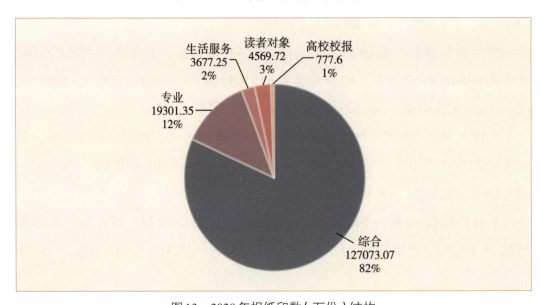

图13　2020年报纸印数（万份）结构

三、期刊出版

（一）期刊出版主要指标

2020年，全省共有期刊265种，平均期印数330.59万册，总印数7109.92万册，总印张322680.51千印张，定价总金额48507.57万元，分别同比变化0.00%、−5.64%、−9.67%、−6.44%、−10.50%。

表9　　　　　　　　　　　　　　期刊出版主要指标

指标	2020年	同比
品种数（种）	265	0.00%
平均期印数（万册）	330.59	−5.64%
总印数（万册）	7109.92	−9.67%
总印张（千印张）	322680.51	−6.44%
定价总金额（万元）	48507.57	−10.50%

图14　期刊出版主要指标

（二）期刊产品结构

1.综合类期刊17种，平均期印数8.17万册，总印数241.23万册，总印张10870.87千印张，定价总金额2185.78万元，分别同比变化0%、7.78%、6.89%、4.58%、3.80%。

2.哲学、社会科学［含（Q）侨刊］类期刊73种，平均期印数186.22万册，总印数2505.82万册，总印张156981.04千印张，定价总金额20523.85万元，分别同比变化0%、−3.33%、−10.31%、−8.59%、−10.61%。

3.自然科学、技术类期刊130种，平均期印数32.02万册，总印数362.12万册，总印张23909.91千印张，定价总金额4867.21万元，分别同比变化0%、−14.42%、−25.97%、−20.47%、−17.20%。

4.文化、教育［含（T）］类期刊30种，平均期印数74.41万册，总印数3147.67万册，总印张107780.96千印张，定价总金额16048.39万元，分别同比变化0%、−10.75%、−10.91%、−1.89%、−12.85%。

5.文学、艺术类期刊15种，平均期印数29.78万册，总印数853.08万册，总印张23137.73千印张，定价总金额4882.34万元，分别同比变化0%、1.45%、2.94%、1.27%、0.89%。

表10 　　　　　　　　　　2020年期刊产品结构

类别	种数（种）	平均期印数（万册）	总印数（万册）	总印张（千印张）	定价总金额（万元）
综合	17	8.17	241.23	10870.87	2185.78
哲学、社会科学［含（Q）侨刊］	73	186.22	2505.82	156981.04	20523.85
自然科学、技术	130	32.02	362.12	23909.91	4867.21
文化、教育［含（T）］	30	74.41	3147.67	107780.96	16048.39
文学、艺术	15	29.78	853.08	23137.73	4882.34

从品种数来看，最多的为自然科学、技术类，130种，占全省期刊品种数的49.06%；其次为哲学、社会科学类，73种，占全省期刊品种数的27.55%。

从印数来看，最多的为文化、教育类，3147.67万册，占全省期刊总印数的44.27%；其次为哲学、社会科学类，2505.82万册，占全省期刊总印数的35.24%。

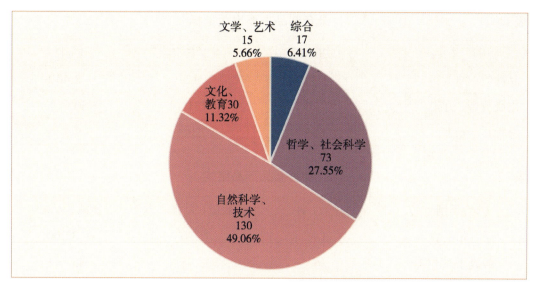

图15　2020年期刊品种（种）结构

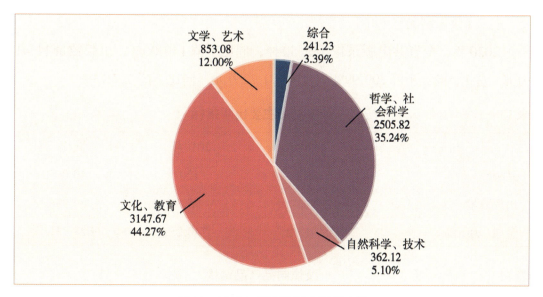

图16　2020年期刊印数（万册）结

四、音像电子出版

2020年，全省有音像电子出版资质的单位共13家，与2019年单位数量相同。

（一）录音制品

2020年，全省共出版录音制品128种，同比增长2.4%；出版数量26.17万张（盒），同比下降80.04%；金额660.66万元，同比下降9.32%。

表11   录音制品主要出版指标

指标	2020年	2019年	同比
品种数（种）	128	125	2.40%
出版数量（万张、万盒）	26.17	131.14	−80.04%
金额（万元）	660.66	728.6	−9.32%

表12   录音制品产品结构

类别	品种数（种）	出版数量（万张、盒）	金额（万元）
录音带（AT）	14	2.20	32.00
激光唱盘（CD）	86	22.95	459.91
其他	28	1.02	168.75

（二）录像制品

2020年，全省共出版录像制品50种，同比下降140.00%；出版数量11.41万张（盒），同比下降209.99%；金额101.72万元，同比下降627.73%。

表13   录像制品主要出版指标

指标	2020年	2019年	同比
品种数（种）	50	120	−140.00%
出版数量（万张、万盒）	11.41	35.37	−209.99%
金额（万元）	101.72	740.25	−627.73%

表14   录像制品产品结构

类别	品种数（种）	出版数量（万张、万盒）	金额（万元）
高密度激光视盘（DVD-V）	46	11.28	94.60
其他	4	0.13	7.12

（三）电子出版物

2020年，全省共出版电子出版物419种，同比增长14.29%；出版数量90.17万张（盒），同比增长5.65%；金额1563.80万元，同比增长72.85%。

表15 　　　　　　　　　　电子出版物主要出版指标

指标	2020年	同比
品种数（种）	419	14.29%
出版数量（万张、万盒）	90.17	5.65%
金额（万元）	1563.80	72.85%

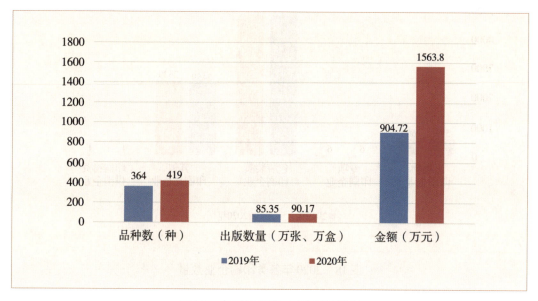

图17 　电子出版物主要出版指标

表16 　　　　　　　　2020年电子出版物产品结构

类别	品种数（种）	出版数量 （万张、万盒）	金额（万元）
只读光盘（CD-ROM）	334	46.71	1385.18
高密度只读光盘（DVD-ROM）	76	42.89	109.97
其他	9	0.56	68.65

五、印刷

2020年，全省参加新闻出版统计的印刷企业7951家，实现主营业务收入1405.27亿元，同比下降15.28%。其中，出版物印刷企业609家，实现主营业务收入156.7亿元，同比下降7.10%；专项印刷企业6家，实现主营业务收入732.78万元，同比增长5.39%；包装装潢印刷企业4796家，实现主营业务收入

1166.78亿元，同比下降14.17%；其他印刷品印刷企业2539家，实现主营业务
收入60.5亿元，同比下降42.71%；印刷物资供销企业1家，实现主营业务收入
9.81亿元，同比下降15.02%。

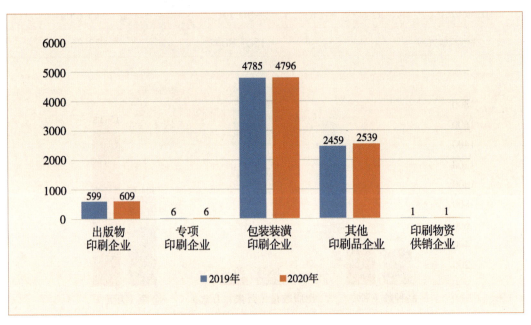

图18　2020年各类印刷企业数量

全省出版物印刷企业全年完成黑白印刷产量2586.83万令，彩色印刷产量
7054.87万对开色令，装订产量2866.31万令，用纸量4060.20万令，分别同比变
化-11.17%、-8.08%、-21.47%、-19.32%。

表17　　　　　　　　　　出版物印刷业务主要指标

指标	2019年	同比
黑白印刷产量（万令）	2586.83	-11.17%
彩色印刷产量（万对开色令）	7054.87	-8.08%
装订产量（万令）	2866.31	-21.47%
用纸量（万令）	4060.20	-19.32%

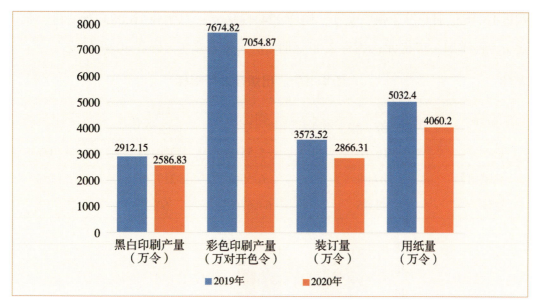

图19　印刷业务主要指标

印刷业转型升级步伐加快。引领印刷企业智能化升级和融合发展，泰山新闻出版小镇成为全国融合发展的样板，以山东世纪开元为龙头的"互联网＋印刷"生态圈初步形成，连续5年位居全国印刷电商第一名。规模以上印刷企业更新设备，提升智能化水平。山东出版集团投资上亿元，购置小森轮转机和精装、胶订联动线，提高了产品效率和质量。山东海德、鲁信天一等印刷企业进行智能升级改造，逐步建成智能化车间。

出版产品质量进一步提升。对全省出版单位、印刷发行企业进行出版产品印装质量"双随机"抽查，对中小学教材印制发行工作进行监督检查，并对印刷企业承印的重点出版物进行了专项抽查，共抽检图书356种，7992册。经检测，印装批质量合格率和环保质量合格率均达到100%，推动了全省印刷业高质量发展。

六、发行

2020年，全省参加新闻出版统计的发行单位6575家。按经营业态划分，批发单位（含新华书店）582家，占8.85%；零售单位5993家，占91.15%。按所有制划分，国有全资单位146家，占2.22%；民营企业987家，占15.01%；个体经营单位5442家，占82.77%。

新华书店、出版社发行业务稳步发展。2020年，全省新华书店、出版社总购进16.16亿册（份、张、盒），码洋224.43亿元；总销售16.08亿册（份、张、盒），码洋217.17亿元；库存2.06亿册（份、张、盒），码洋60.96亿元。

表18 新华书店、出版社发行指标

指标	数量 （亿册、份、张、盒）	同比	码洋 （亿元）	同比
总购进	16.16	−5.55%	224.43	0.01%
总销售	16.08	−6.35%	217.17	2.09%
总库存	2.06	−64.67%	60.96	−25.44%

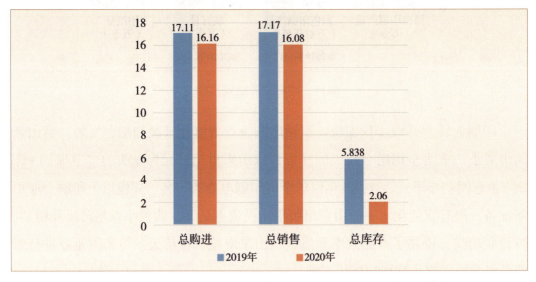

图20 新华书店、出版社发行数量（亿册、万份、万张、万盒）

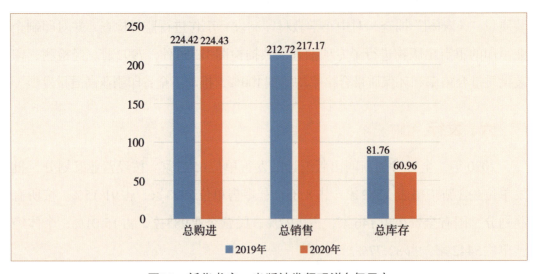

图21 新华书店、出版社发行码洋（亿元）

新华书店系统2020年度实现营业收入145.66亿元，同比增长1.84%。其中，山东新华书店集团有限公司实现营业收入128.3亿元，同比增长4%；青岛新华书店有限责任公司实现营业收入17.2亿元，同比下降8%。

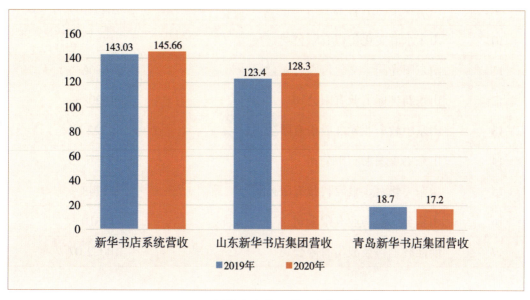

图22　新华书店营业收入（亿元）

民营书业进一步发展壮大。2020年，民营发行单位整体表现较好，出版物销售额达96亿元。全省出版物销售额过亿的发行单位共31家，其中民营单位17家。全省106家民营策划单位，2020年共策划图书近万种。

表19　　　　　　　　2020年民营企业出版物销售额过亿企业

排名	企业名称	出版物销售额（实洋，万元）
1	世纪金榜集团股份有限公司	89357.52
2	山东金榜苑文化传媒有限责任公司	57127.95
3	山东布克图书有限公司	49758.23
4	山东星火教育科技集团股份有限公司	41181.52
5	山东天成书业有限公司	33141
6	世纪天鸿教育科技股份有限公司	28960
7	山东绿卡凯尔文化传媒有限公司	24604

续表

排名	企业名称	出版物销售额（实洋，万元）
8	山东百川图书有限公司	21571
9	山东一本图书有限公司	20221.09
10	山东水浒文化传媒有限公司	18430
11	山东阳光同学文化传媒有限公司	16906
12	山东新坐标书业有限公司	15208
13	山东中教产业发展股份有限公司	14322.66
14	山东书虫图书有限公司	12256.23
15	山东一帆融媒教育科技有限公司	11748
16	山东金太阳书业有限公司	11310
17	朗朗教育科技股份有限公司	10022.07

七、版权

（一）版权输出情况

2020年，全省输出图书版权195项，其中科技类8项、长篇小说3项、其他184项。图书版权输出项与上年持平。

（二）版权引进情况

2020年，全省引进图书版权231项，其中科技类1项、图册4项、其他226项。图书版权引进项同比减少36%。

表20　　　　　　　　　版权贸易指标

指标	2020年数量（项）	同比
版权输出	195	0%
版权引进	231	−36%

经济指标分析

一、行业整体经济指标

2020年，全省新闻出版行业资产总计1991.69亿元、总产出1883.50亿元、增加值399.41亿元，分别同比变化-5.40%、-15.10%、-20.31%。其中：

1.出版业资产总计284.02亿元、总产出84.40亿元、增加值37.89亿元，分别同比变化5.34%、-2.56%、-4.25%；

2.印刷业资产总计1412.77亿元、总产出1465.52亿元、增加值298.03亿元，分别同比变化-9.01%、-17.03%、-22.10%；

3.发行业资产总计285.07亿元、总产出323.78亿元、增加值63.09亿元，分别同比变化2.44%、-9.43%、-20.09%。

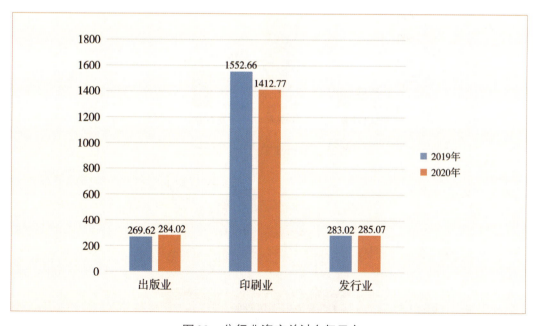

图23　分行业资产总计（亿元）

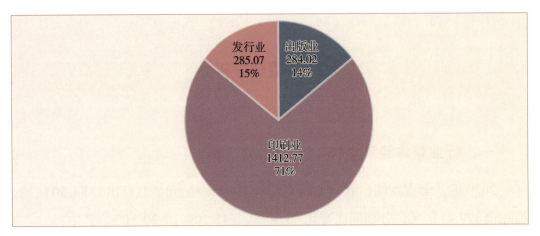

图24　2020年分行业资产总计（亿元）比例

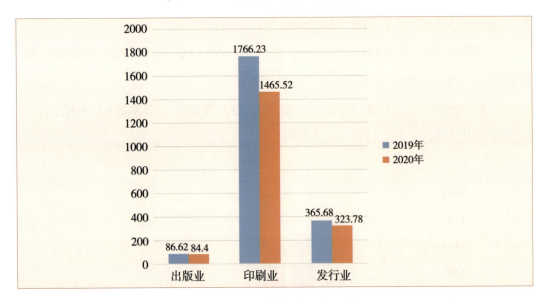

图25　分行业总产出（亿元）

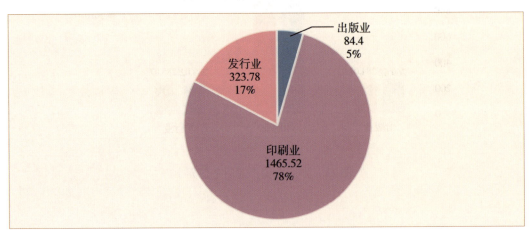

图26　2020年分行业总产出（亿元）比例

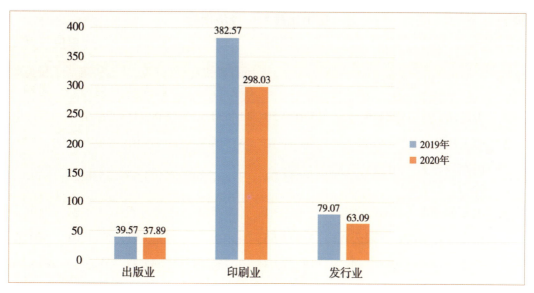

图27　分行业增加值（亿元）

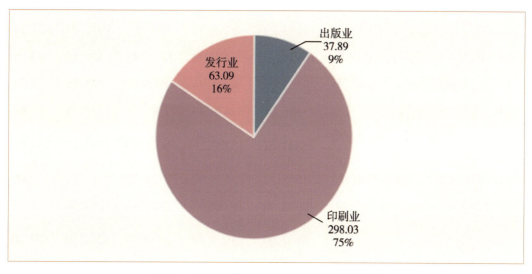

图28　2020年分行业增加值（亿元）比例

二、出版业

1.图书出版业资产总计148.53亿元、总产出43.19亿元、增加值13.24亿元，分别同比变化6.25%、4.04%、-5.07%。

表21　　　　　　　　　　　图书出版单位经济指标

单位：万元

序号	单位名称	资产总额	所有者权益（净资产）	营业收入	利润总额	税金总额
1	青岛出版社有限公司	153029.50	113630.52	88480.41	27646.36	4777.38
2	明天出版社有限公司	68641.10	51510.59	40408.01	3483.14	1775.70
3	山东科学技术出版社有限公司	49555.04	31307.39	35180.50	4536.23	338.94
4	山东教育出版社有限公司	79017.91	60996.91	34555.59	3525.91	980.75
5	山东人民出版社有限公司	57973.55	42528.34	32715.91	5860.01	650.99
6	济南出版有限责任公司	38731.95	30839.75	25057.53	2392.22	1674.07
7	山东文艺出版社有限公司	21501.56	13233.14	12578.94	2214.87	305.19
8	山东齐鲁书社出版有限公司	20062.60	13052.99	12394.84	2210.11	377.53
9	山东友谊出版社有限公司	15793.23	8716.95	11533.58	1941.40	491.72
10	山东美术出版社有限公司	16936.74	6118.09	10050.93	526.40	43.91
11	山东画报出版社有限公司	9361.95	4091.94	9865.81	245.16	3.39
12	泰山出版社有限公司	35536.24	34476.39	7399.71	3758.98	355.69
13	中国石油大学出版社有限公司	15811.82	13303.26	5068.50	1132.13	301.69
14	山东省地图出版社有限公司	1315.72	659.09	4176.59	33.15	0.00
15	山东大学出版社有限公司	19972.90	16188.07	3520.97	244.56	1.31
16	中国海洋大学出版社有限公司	3631.00	1999.00	2936.00	264.20	122.00

2.报纸出版业资产总计127.52亿元、总产出35.99亿元、增加值21.32亿元，分别同比变化4.59%、-8.4%、-4.65%。

3.期刊出版业资产总计5.16亿元、总产出4.04亿元、增加值2.85亿元，分别同比变化-0.76%、-10.63%、-1.65%。

4.音像制品出版业资产总计2.75亿元、总产出1.28亿元、增加值0.40亿元，分别同比变化93.52%、43.38%、48.8%。

5.电子出版物出版业资产总计1.34亿元、总产出0.35亿元、增加值0.14亿元，分别同比变化3.78%、-0.53%、59.68%。

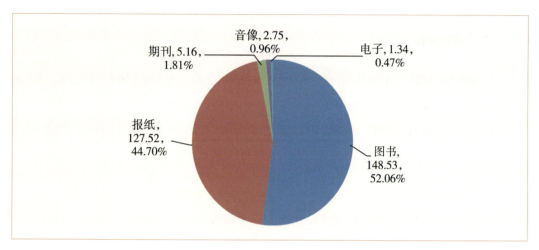

图29　2020年出版业资产总计（亿元）比例

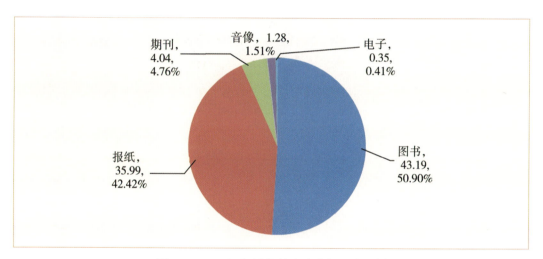

图30　2020年出版业总产出（亿元）比例

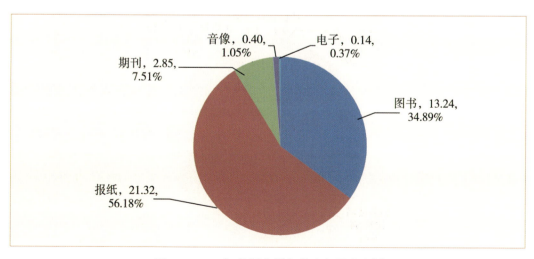

图31　2020年出版业增加值（亿元）比例

三、印刷业

1.出版物印刷（含专项印刷）资产总计236亿元、总产出167.71亿元、增加值51.99亿元，分别同比变化-4.25%、-1.90%、-5.02%。

2.包装装潢印刷资产总计1105.29亿元、总产出1224.54亿元、增加值233.30亿元，分别同比变化-7.67%、-16.19%、-21.77%。

3.其他印刷品印刷资产总计58.37亿元、总产出63.37亿元、增加值11.82亿元，分别同比变化-28.99%、-43.67%、-45.05%。

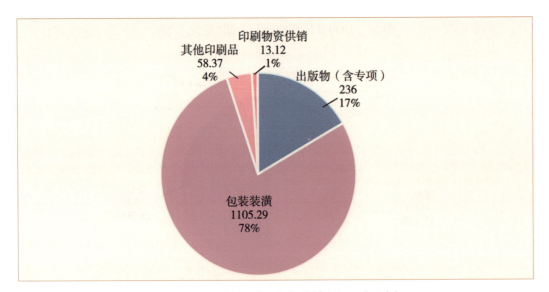

图32　2020年印刷业资产总计（亿元）比例

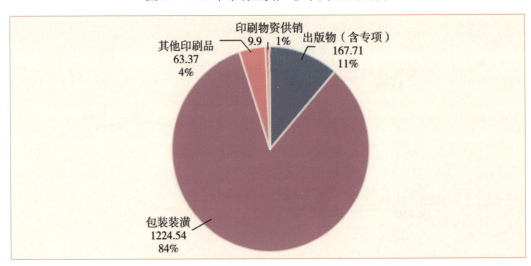

图33　2020年印刷业总产出（亿元）比例

4.印刷物资供销资产总计13.12亿元、总产出9.90亿元、增加值0.93亿元，分别同比变化22%、-15.67%、-15.17%。

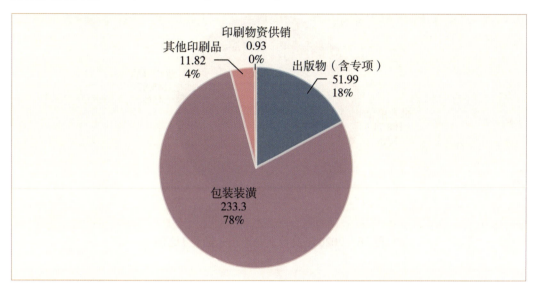

图34　2020年印刷业增加值（亿元）比例

四、发行业

1.新华书店资产总计141.38亿元、总产出145.87亿元、增加值27.19亿元，分别同比变化5.19%、1.87%、-2.71%。

2.批发单位资产总计132.43亿元、总产出168.71亿元、增加值31.17亿元，分别同比变化4.99%、-11.27%、-20.29%。

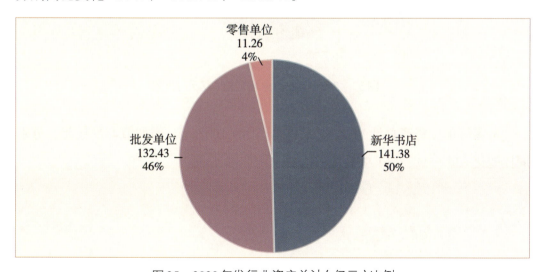

图35　2020年发行业资产总计（亿元）比例

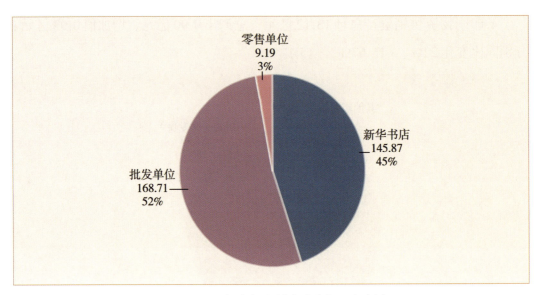

图 36　2020 年发行业总产出（亿元）比例

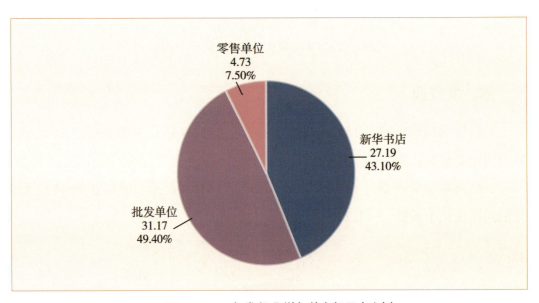

图 37　2020 年发行业增加值（亿元）比例

3.零售单位资产总计 11.26 亿元、总产出 9.19 亿元、增加值 4.73 亿元，分别同比变化 −36.55%、−61.90%、−60.28%。

单位数量及就业人员情况分析

一、单位数量与构成

2020年，全省共有新闻出版统单位20514家，参加新闻出版统计的单位14951家。其中，法人单位8426家，占单位总数的56.36%；非法人单位278家，占单位总数的1.86%；个体经营户6247家，占单位总数的41.78%。

表22　　　　　　　　　新闻出版单位数量与构成

类型	数量	比重
法人单位	8426	56.36%
其中：企业法人单位	8346	55.82%
非法人单位	278	1.86%
个体经营户	6247	41.78%
合计	14951	100%

说明：未包括数字出版单位、版权贸易与代理单位和行业服务与从事其他新闻出版业务的单位。

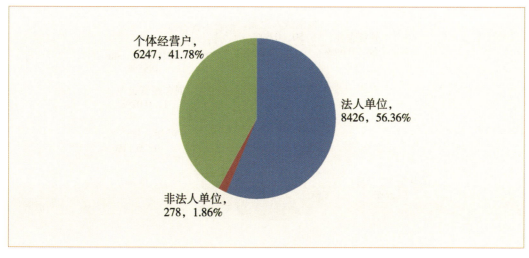

图38　2020年新闻出版单位构成

二、企业法人情况

2020年，全省全行业共有企业法人单位8346家，占全行业法人单位总数的99.05%。

企业法人单位中，国有全资企业279家，占企业法人单位数量的3.34%；民营企业7903家，占企业法人单位数量的94.69%。

表23 　　　　　　　　　　企业法人单位的所有制结构

类型	数量	比重
国有全资企业	279	3.34%
集体企业	46	0.55%
民营企业	7903	94.69%
外资企业	58	0.69%
港澳台资企业	9	0.11%
混合经营企业	1	0.02%
其他法人企业	50	0.60%
合计	8132	100%

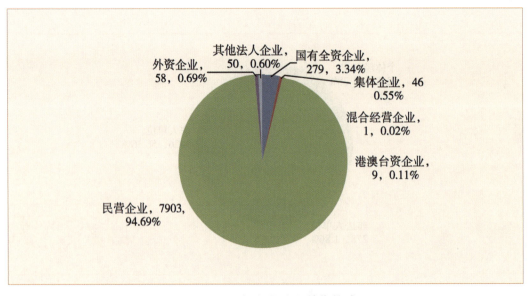

图39　2020年企业法人单位构成

三、就业人员状况

2020年，全省新闻出版从业人员年平均人数为301985人（不包含数字出版、版权贸易与服务、行业服务与其他新闻出版业务单位就业人员），同比减少13.75%。详见下表：

表24　　　　　　　　从业人员年平均人数的产业类别构成

产业类别	人数	同比	比重
图书出版	2045	7.29%	0.68%
报纸出版	13851	−6.36%	4.59%
期刊出版	2094	−3.94%	0.69%
音像制品出版	125	34.41%	0.04%
电子出版物出版	35	−2.78%	0.01%
印刷	245402	−14.50%	81.26%
发行	38419	−12.85%	12.73%
合计	301985	−13.75%	100%

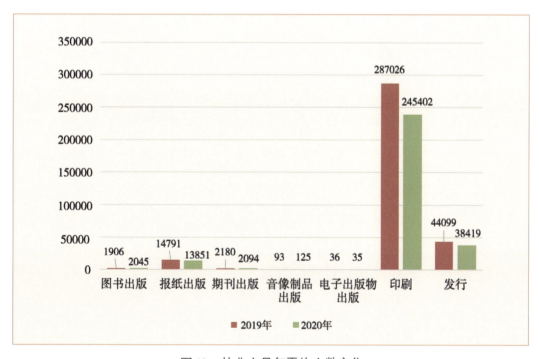

图40　从业人员年平均人数变化

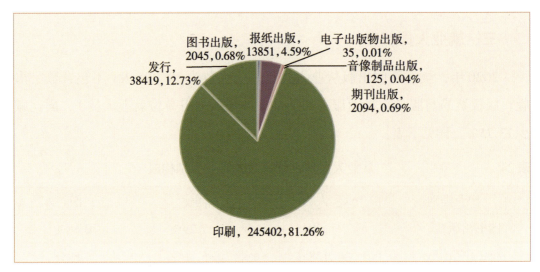

图41　2020年从业人员年平均人数构成

（撰稿：山东省新闻出版局　郭　伟　田宝斌）

2020年山东省广播电视和网络视听服务业发展情况报告

2020年，在以习近平同志为核心的党中央坚强领导下，全省广播电视和网络视听系统深入学习宣传贯彻习近平新时代中国特色社会主义思想，增强"四个意识"、坚定"四个自信"、做到"两个维护"，持续深耕主责主业，积极应对疫情影响，完善政策措施，创新思路方法，事业产业发展稳中向好。

一、主要经济指标总体稳定

2020年，全省广播电视和网络视听服务业总收入、财政补助收入连续五年保持稳定增长，创收收入结构不断优化。全省广播电视和网络视听服务业总收入174.05亿元，较2019年增加1.33亿元，增长0.77%，占全国广播电视和网络视听服务业总收入的1.89%。实现增加值85.80亿元，较2019年减少2.93亿元，下降3.30%。财政补助收入37.63亿元，较2019年增加2.42亿元，增长6.87%，占全国财政补助收入的3.89%。实现创收收入123.11亿元，较2019年减少2.96亿元，下降2.35%，占全国广播电视和网络视听服务业实际创收收入的1.60%。其中，广告收入和网络收入90.69亿元，占全省实际创收收入的73.67%，较2019年增加2.51个百分点；新媒体业务收入10.76亿元，占全省实际创收收入的8.74%，较2019年增加1.58个百分点；其他创收收入13.90亿元，主要为有线广播电视平台、科技软件开发、视听演艺等业务收入。

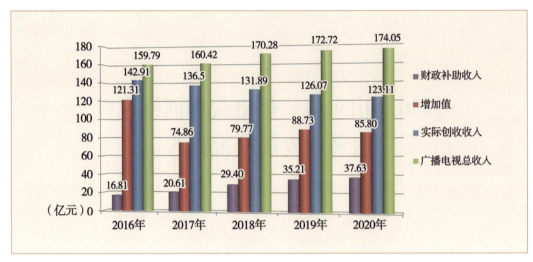

图1 2016—2020年全省广播电视和网络视听服务业主要经济指标

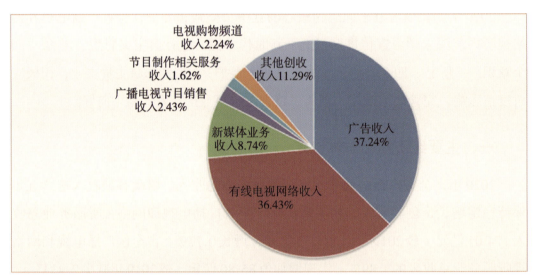

图2 2020年全省广播电视和网络视听服务业实际创收收入结构

二、新媒体业务收入增长迅速，网络视听佳作频出

2020年，全省网络视听行业保持繁荣有序发展，网络电影《春来怒江》列入中宣部思想工作要点，在爱奇艺热播，《飞夺泸定桥》《生命摆渡人》《一家人》等入选总局重点剧目规划。全省实现新媒体业务收入10.76亿元，较2019年增加1.73亿元，增长19.20%，占全国新媒体业务收入的0.41%。其中，交互式网络电视（IPTV）收入8.87亿元，较2019年增加0.74亿元，增长9.10%，占新媒体业务总收入的82.42%；互联网视听节目服务收入0.21亿元，较2019年

增加0.19亿元，增长10.96倍，占新媒体业务总收入的1.95%；其他新媒体业务收入1.68亿元，较2019年增加0.80亿元，增长91.02%，占新媒体业务总收入的15.63%。从地区分布来看，省级新媒体业务为主，市县级新媒体业务发展势头良好，发展潜力较大。省级新媒体业务收入9.24亿元，较2019年增加0.70亿元，增长8.24%，占全省新媒体业务收入的85.91%；市级新媒体业务收入1.48亿元，较2019年增加1.02亿元，增长2.21倍，占全省新媒体业务收入的13.75%；县级新媒体业务收入0.04亿元，较2019年增加0.01亿元，增长22.90%，占全省新媒体业务收入的0.34%。

图3　2017—2020年全省新媒体业务收入（亿元）

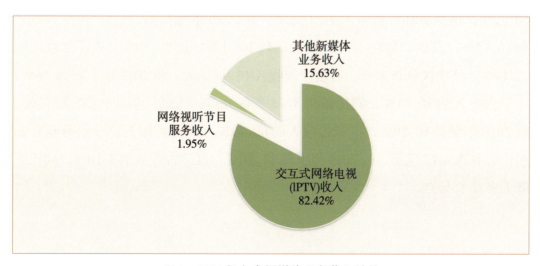

图4　2020年全省新媒体业务收入结构

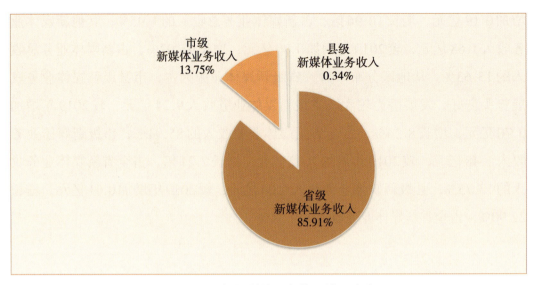

图5　2020年新媒体业务收入地区分布

三、广告收入结构进一步优化

2020年，全省广播电视广告收入有所下降，网络媒体广告收入持续增长。其中，省级广告收入比重下降较大，市级广告收入保持增长趋势。全省广告收入45.84亿元，较2019年减少1.45亿元，下降3.07%，占全国广播电视广告收入的2.36%。广告收入占全省实际创收收入的37.24%，较2019年下降0.27%。其中，广播广告收入7.48亿元，较2019年下降10.13%，占广告收入的16.33%；电视广告收入25.08亿元，较2019年减少14.69%，占广告收入的54.72%；网络媒体广告收入7.71亿元，较2019年增长47.36%，占广告收入的16.82%；其他广告收入5.57亿元，较2019年增加28.39%，占广告收入的12.14%。从地区分布来看，省级广告收入13.94亿元，较2019年下降18.56%，占广告收入的30.41%，同比减少5.78个百分点；市级广告收入27.73亿元，较2019年增长10.29%，占广告收入的60.49%，同比增加7.33个百分点；县级广告收入4.17亿元，较2019年下降17.20%，占广告收入的9.10%，同比下降1.55个百分点。

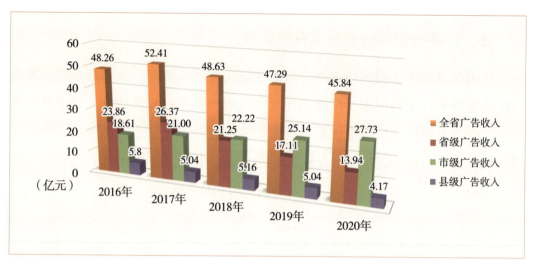

图6　2016—2020年全省广告收入

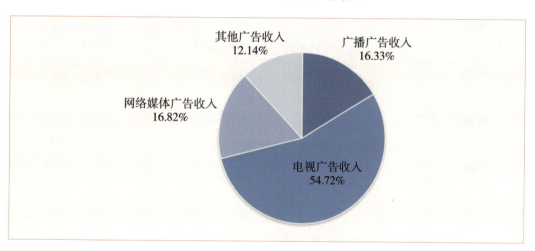

图7　2020年全省广播电视广告收入结构

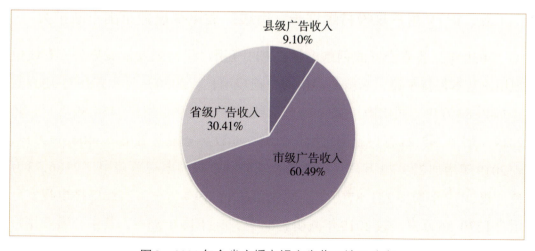

图8　2020年全省广播电视广告收入地区分布

四、广播电视综合覆盖率再创新高

广电公共服务工程提质增效，以实施惠民工程为抓手，大力推动中央和省级广播电视节目无线覆盖、广播电视无线发射台站基础设施建设、深度贫困县应急广播体系建设，广播电视基础设施和服务能力不断完善。2020年，全省广播综合覆盖人口超1亿人，综合覆盖率99.45%，同比增长0.31%；电视综合覆盖人口超1亿人，综合覆盖率99.59%，同比增长0.49%。

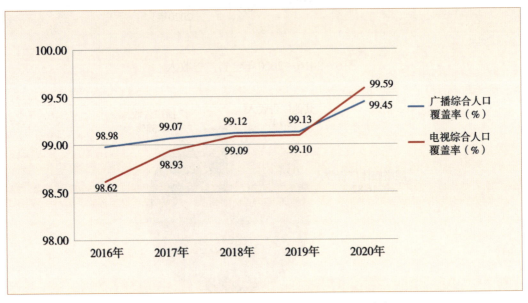

图9　2016—2020年全省广播电视综合覆盖率

五、IPTV用户规模持续增长，有线广播电视覆盖范围不断扩大

2020年，我省交互式网络电视（IPTV）用户保持强劲发展势头，有线电视用户基本保持平稳，高清超高清用户稳步增长。2020年，我省IPTV用户数达1440.83万户，同比增长30.98%。有线广播电视覆盖用户3454.89万户，较2019年增加245.21万户，同比增长7.64%；数字电视覆盖用户3404.39万户，较2019年增加233.72万户，同比增长7.37%；双向电视覆盖用户2186.73万户，较2019年增加221.87万户，同比增长11.29%。全省有线广播电视实际用户1570.56万户，较2019年减少8.64万户，下降0.55%，其中，缴费用户973.91万户，较2019年减少80.45万户，下降7.63%；有线数字电视实际用户

1451.27万户，较2019年增加2.69万户，增长0.19%，其中，缴费用户930.61万户，较2019年减少118.14万户，下降11.27%。双向电视实际用户490.45万户，较2019年增加120.08万户，增长32.42%，占实际用户的31.23%；有线电视高清用户633.09万户，占实际用户的40.31%；超高清（4K）实际用户97.42万户，占实际用户的6.20%；有线电视网络互联网实际用户316.09万户，占实际用户的20.13%。

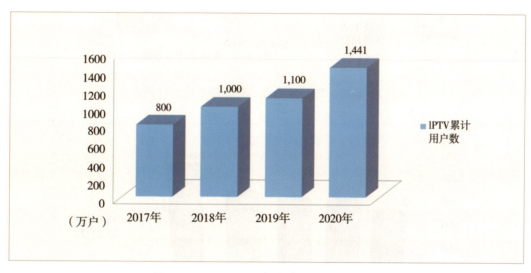

图10　2017—2020年全省IPTV累计用户

图11　2016—2020年全省有线广播电视覆盖用户

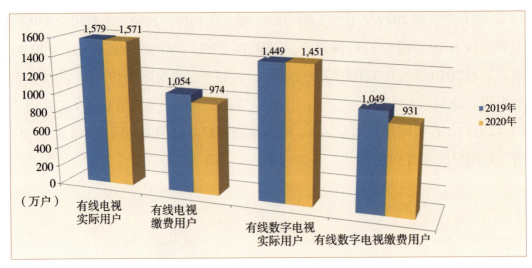

图12   2016—2020年全省有线广播电视实际用户

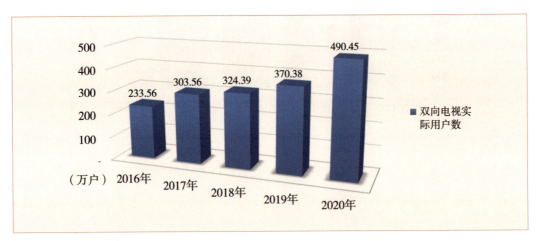

图13   2016—2020年全省双向电视实际用户

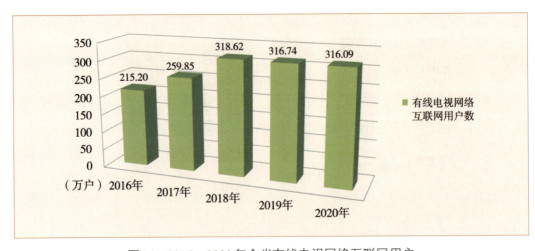

图14   2016—2020年全省有线电视网络互联网用户

六、精品创作规划不断完善，现实题材影视剧亮点纷呈

坚持以人民为中心的创作导向，深入实施"精品创作生产推进计划""新时代精品工程""突破网络视听工程"，推出了一批具有时代特征、展现山东形象的精品力作。《马向阳下乡记》荣获"五个一工程"优秀作品奖，《绿水青山带笑颜》《遍地书香》《如果岁月可回头》《经山历海》《温暖的味道》等电视剧取得良好口碑。广播电视节目出新出彩，创新创优效果明显，多部广播电视新闻作品荣获中国新闻奖，《孔府档案》《国学小名士》《齐鲁家风》《此时此刻》《美丽中国》《现在的我们》《传家宝里的新中国》《战国大学堂之稷下学宫》等精品广播电视节目上榜总局广播电视创新创优节目及优秀国产纪录片名单。电视剧《遍地书香》收视率在全国省级卫视同时段黄金剧场电视剧中稳居前五，最高收视率达1.295%；电视剧《奋勇向前》在山东电视齐鲁频道播出后，先后获得山东电视台齐鲁频道2020年度"收视王牌奖"、2021"城市之星"国剧颁奖礼"收视贡献奖"。2020年，全省共审查发行电视剧6部217集，动画片10部480集。制作影视剧类节目4030小时，较2019年减少11564小时，下降74.16%，占电视节目制作时间的1.93%。

七、电视节目制作销售回落，纪录片持续增长

2020年，全省电视节目制作销售额受疫情和市场环境等综合影响，整体规模缩水明显，纪录片、动画片制作销售情况整体向好。电视纪录片《给盲人讲电影》《开往春天的列车》获国家广播电视总局推荐播出；电视纪录片《大洋深处钓鱿人》获第33届金鸡奖最佳纪录片/科教片提名。全省电视节目制作投资额达3.85亿元，较2019年减少3.71亿元，下降49.09%；电视节目国内销售额1.85亿元，较2019年减少0.83亿元，下降30.90%。其中，电视剧制作投资额1.60亿元，较2019年减少3亿元，下降65.21%；电视剧国内销售额1.08亿元，较2019年减少1.48亿元，下降57.86%。动画电视制作投资额6706万元，较2019年增加3601.89万元，增长1.16倍，动画电视国内销售额106.80万元，较2019年减少97.78万元，下降47.80%。纪录片制作投资额1145.04万元，较2019年增加701.28万元，增长1.58倍；纪录片销售额1138.17万元，较2019年增加304.89万元，增长36.59%。

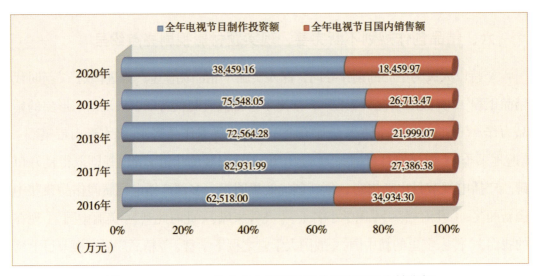

图15　2016—2020年全省电视节目制作投资及国内销售额

图16　2016—2020年全省电视剧制作投资及国内销售额

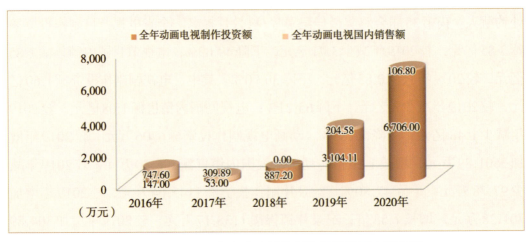

图17　2016—2020年全省动画片制作投资及国内销售额

图18　2016—2020年全省纪录片制作投资及国内销售额

八、人才队伍结构逐渐优化，专技人才队伍基本稳定

2020年，全省广播电视和网络视听系统主动优化队伍结构，从业人员学历层次不断提升，人才队伍年龄结构趋向年轻化，专业水平进一步提高。2020年，全省广播电视和网络视听从业人员达5.47万人，较2019年增加1260人，增长2.36%。从学历分布来看，全省现有研究生学历2062人，较2019年增加193人，增长10.33%，占从业人数的3.77%；本科及大专学历43519人，较2019年增加841人，增长1.97%，占从业人数的79.60%；高中及以下9090人，较2019年增加226人，增长2.55%，占从业人数的16.63%。从年龄分布来看，全省现有35岁及以下22444人，较2019年减少186人，下降0.82%，占从业人数的41.05%；36岁至50岁24959人，较2019年增加748人，增长3.09%，占从业人数的45.65%；51岁及以上7268人，较2019年增加698人，增长10.62%，占从业人数的13.29%。从专业技术职务分布来看，全省现有专业技术人员31620人，较2019年增加312人，增长1%，占从业人数的57.84%，其中：编辑记者12566人，播音主持人2480人，工程技术人员9132人，艺术人员1005人，经营人员3385人，其他专业技术人员3052人。

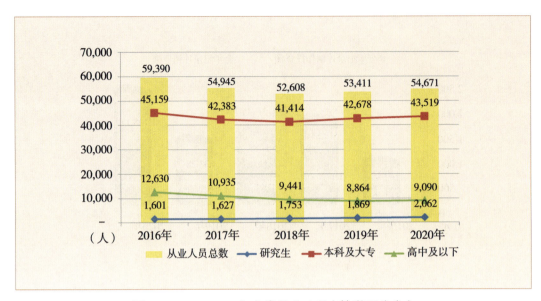

图19　2016—2020年全省从业人员（按学历分类）

图20　2016—2020年全省专业技术人员

（撰稿：山东省广播电视局　许　丽　孔慊慊）

2020年山东省电影市场概况

2020年，山东电影行业积极应对疫情影响，研究出台促进电影行业健康发展的措施，统筹利用省级影视发展相关资金，加大对优秀电影及发行放映单位扶持，全力推动电影行业复工复产。全省电影创作生产持续增长，全年申报电影剧本（梗概）备案181部，通过备案公示影片135部，制作完成影片46部。电影市场稳步复苏，城市影院票房收入10亿元，观影人次2853万，电影票房列全国第7位。

一、电影创作生产

2020年，省内影视文化单位共申请电影剧本（梗概）备案影片181部，通过备案公示影片135部，其中故事影片116部，科教影片12部，纪录影片5部，动画影片2部。

表1　　　　　　　　2020年全省电影剧本（梗概）备案公示统计表

地区	故事影片（部）	科教影片（部）	纪录影片（部）	动画影片（部）	公示总数（部）
济南市	32	7	2	0	41
青岛市	28	0	2	2	32
淄博市	8	0	0	0	8
枣庄市	0	0	0	0	0
东营市	0	0	0	0	0
烟台市	2	0	0	0	2
潍坊市	7	0	0	0	7
济宁市	2	0	0	0	2

地区	故事影片（部）	科教影片（部）	纪录影片（部）	动画影片（部）	公示总数（部）
泰安市	6	0	0	0	6
威海市	2	0	1	0	3
日照市	7	0	0	0	7
临沂市	7	0	0	0	7
德州市	1	0	0	0	1
聊城市	4	0	0	0	4
滨州市	1	0	0	0	1
菏泽市	4	3	0	0	7
省直	5	2	0	0	7
合计	116	12	5	2	135

2020年，省内影视文化单位全年拍摄完成影片46部，其中故事影片38部，科教影片5部，纪录影片3部。

表2　　　　　　　　　　2020年山东省电影完成片统计表

地区	故事影片（部）	科教影片（部）	纪录影片（部）	动画影片（部）	完成片总数（部）
济南市	15	4	1	0	20
青岛市	6	0	1	0	7
淄博市	2	0	0	0	2
枣庄市	0	0	0	0	0
东营市	0	0	0	0	0
烟台市	1	0	0	0	1
潍坊市	2	0	0	0	2
济宁市	1	0	0	0	1
泰安市	1	0	1	0	2
威海市	2	0	0	0	2
日照市	5	0	0	0	5
临沂市	1	0	0	0	1

地区	故事影片（部）	科教影片（部）	纪录影片（部）	动画影片（部）	完成片总数（部）
德州市	0	0	0	0	0
聊城市	0	0	0	0	0
滨州市	0	0	0	0	0
菏泽市	1	0	0	0	1
省直	1	1	0	0	2
合计	38	5	3	0	46

二、全省城市电影院线及影院市场

（一）全省城市电影院线发行放映影片情况

省内电影市场比较活跃，全省城市电影院线达到35条，全年发行放映影片509部。其中，国产影片398部，数量占比78.19%；国产片票房8.68亿元（含服务费），占比为86.8%，超出同期全国水平近2个百分点。年度票房前十部影片分别是：《八佰》《我和我的家乡》《姜子牙》《金刚川》《夺冠》《我在时间尽头等你》《宠爱》《误杀》《沐浴之王》《除暴》。国产主旋律电影在我省更受观影群体欢迎。

表3 2014—2020年全省城市院线电影发行情况统计

项目	2014	2015	2016	2017	2018	2019	2020
影片发行总数	474	598	707	690	714	737	509
国产片发行数	364	483	561	556	546	558	398

（二）城市影院市场情况

全省全年616家在营城市影院（3913块银幕）放映场次349.71万场，观影人次2853.68万人，票房收入10亿元（含服务费），场次、人次、票房指标分别比去年下降30.7%、64.7%、65.3%，人次、票房增长低于场次增长，单银幕平均票房收入（25.5万元）同比减少54.7万元，反映我省城市影院整体受疫情影响较大。我省票房排在广东（25.9亿）、江苏（18.4亿）、浙江（14.9亿）、四川（11.7亿）、上海（11.6亿）、北京（10.3亿）之后，排第7位（人次排名较上一年度前移一位至第5位）。

表4   2014—2020年全省城市电影发展情况

年份	票房收入（亿元）	放映场次（万场）	观影人次（万人）	银幕数（块）
2014	10.93	197.79	3572.40	1560
2015	17.12	259.09	5502.20	1945
2016	18.75	321.99	5807.32	2305
2017	22.92	388.08	7189.15	2712
2018	26.02	444.79	7768.75	3159
2019	28.81	504.33	8094.21	3592
2020	10.00	349.71	2853.68	3913

注：1.数据来源：全国电影票务综合信息管理系统；
    2.2016年开始，票房收入包含服务费。

（三）城市影院建设保持较快增长

虽然受疫情影响电影市场按下暂停键，全年仍有新注册影院58家、银幕318块，影厅建设规模仅比上年度同期下降13.4%。新注册影院平均拥有5.5个厅，较上年度同期水平略低（单影院平均6.6个厅），全年部分影院因经营不善关门歇业，一方面反映出疫情对市场影响较大，另一方面反映出城市影院市场化程度高，适者生存的现象更加明显，电影文化产品与服务供给的升级迭代加速。

表5   2014—2020年全省城市影院建设情况

年份	影院数（家）	银幕数（块）	净增影院数（家）	净增银幕数（块）
2014	309	1560	33	239
2015	360	1945	51	385
2016	421	2305	61	360
2017	477	2712	56	407
2018	524	3159	47	447
2019	575	3592	57	433
2020	616	3913	39	321

三、全省各设区市城市影院市场

受疫情影响，2020年，全省仅有2个设区市票房收入超过1亿元，9个设区市票房收入不足0.5亿元。

全省平均票价35.0元，比上年减少1.6元。7个设区市平均票价高出全省平均票价，其中，济南市、烟台市、日照市、滨州市平均票价较高，超过36元；济宁市、枣庄市平均票价较低，低于32元。

表6　　　　　2020年各设区市电影市场统计（按票房排序）

地区	影院数（家）	放映场次（万场）	观影人次（万人）	票房收入（百万元）
青岛市	84	51	507	182
济南市	68	40	481	175
潍坊市	59	32	236	83
烟台市	49	27	226	82
临沂市	51	28	219	73
济宁市	39	24	185	60
淄博市	34	21	181	60
菏泽市	37	21	123	43
威海市	37	18	106	36
德州市	26	12	93	33
聊城市	25	18	91	30
泰安市	29	13	87	30
东营市	22	13	81	29
枣庄市	24	15	90	29
日照市	13	7	72	27
滨州市	19	10	74	27

（撰稿：山东省电影局　颜东升）

2020年文化产品进出口情况

一是进出口规模创历史新高。2020年，山东省文化产品进出口102.5亿美元，同比增长63.8%。其中出口100.5亿美元，同比增长65.2%，进口2.2亿美元，同比增长15.2%。进出口规模超过江苏，列全国第三位。占全省外贸进出口总额的比重由2.1%提高至3.2%。（全国进出口前五名，广东省569.4亿美元、浙江省148.7亿美元、山东省102.5亿美元，江苏省69.3亿美元，上海68.7亿美元）

二是四大类文化产品全面增长。出版物、工艺美术及收藏品、文化用品和文化专用设备四大类文化产品分别完成进出口额0.9亿美元、19.8亿美元、78.1亿美元、3.7亿美元，同比分别增长87.6%、57.9%、62.9%、126.9%。

三是文化用品支撑作用明显。以文具、玩具、乐器、游艺器材为代表的文化用品实现进出口78.1亿美元，占比达76.2%，其中玩具20亿美元，游艺器材56.7亿美元。

四是市场主体持续壮大。2020年，山东省有文化产品出口实绩的企业5420家，较上年增加1024家。其中民营企业出口48.4亿美元，占比47.3%；外商投资企业出口53.6亿美元，占比52.3%；国有企业出口0.5亿美元，占比0.4%。

五是重点城市带动作用明显。进出口过10亿美元的城市有两个，分别是烟台52.9亿美元，青岛16.2亿美元；过5亿美元的城市有2个，临沂市9.4亿美元、威海6.9亿美元，上述四城市占全省文化贸易总额的83.3%。

（撰稿：山东省商务厅　杨　凯　牛广牧）

2021年全省文化及相关产业专利分析报告

2021年，山东知识产权工作以习近平新时代中国特色社会主义思想为指导，深入学习贯彻习近平总书记关于知识产权工作的重要指示精神，落实省委省政府的部署要求，全面加强知识产权保护和运用，强化知识产权服务，以推动高质量发展为主线，以拉升知识产权高线为重点，深入落实"十四五"知识产权保护和运用规划，加快推动知识产权强省建设。

本报告根据国家统计局印发的《文化及相关产业分类（2018）》，分别提取146个行业小类关键词，结合国际专利分类（IPC）、洛迦诺分类（LOC），专门制定文化及相关产业专利数据检索方案。本报告中的数据来源于公开数据，统计时间截至2022年3月18日，2020年、2021年仍有部分专利申请尚未公开，因此2020年、2021年专利申请数据仅做参考。经统计分析，具体如下。

一、总体概况

截至2022年3月18日，全省文化及相关产业专利累计申请174493件，累计授权121606件。其中，2021年专利授权21183件，同比增长28.44%。从图1中可以看出，自2011到2020年的十年间，山东省文化及相关产业专利申请量呈现整体上升态势，其中2019年、2020年专利申请量均保持了25%以上的高速增长。从近十年来的专利申请量增长速率看，每五年呈现一个"微笑曲线"式的周期波动。

从图2可知，山东省文化及相关产业专利授权量累计达121606件，其中，发明专利授权17969件、实用新型81140件、外观设计22497件。从专利有效性来看，截至2022年3月18日，在121606件授权专利中，维持有效专利总计

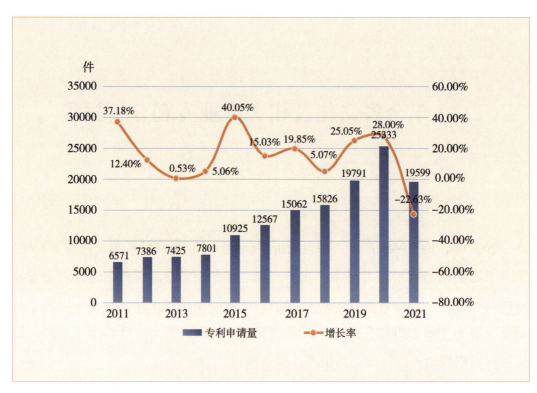

图1　2011—2021年山东省文化及相关产业专利申请量及增长趋势

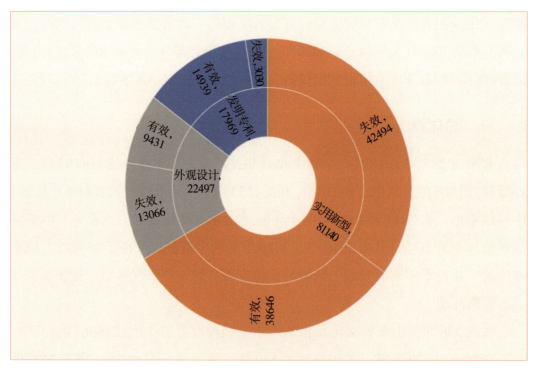

图2　2021年全省文化及相关产业专利累计授权专利情况

63016件，占比51.82%。其中，有效发明专利14939件，占发明专利授权总量的83.14%；有效实用新型38646件，占实用新型授权总量的47.63%；有效外观设计9431件，占外观设计授权总量的41.92%。与2020年相比，专利维持有效占比略有提高。发明专利以其较长的保护期限和较高的稳定性呈现出远高于其他两种专利的有效占比，但"维持年限超过10年的有效发明专利"（计入"高价值发明专利"）仍然较少，占发明专利累计授权总量的8.06%，占有效发明专利的9.70%。

2021年山东文化及相关产业专利授权量在全国排名中位居第六，前五的省（市）依次是广东、江苏、浙江、北京、上海，从图3可以看出，广东省授权量远超其他省市，稳居第一位，而山东省以微弱差距落后于上海，但与其他四省仍有较大差距。2021年山东省文化及相关产业专利授权21183件，首次突破20000件，占全国的4.43%，相比2020年上升0.15个百分点。

图3　2020—2021年部分省（市）文化及相关产业专利授权情况

图4为2021年山东省16市文化产业专利授权条形图。16市中，青岛市专利授权量仍居第一，济南市排名第二，潍坊市排名第三，其中济南、青岛、潍坊三市专利授权量同比增速分别为济南50.50%、青岛25.28%、潍坊5.90%。从总量方面看，济南、青岛、潍坊三市专利授权量占全省授权总量的59.58%，相较2020年基本持平，烟台市、临沂市、济宁市年度授权量首次突破1000件，全

省文化及相关产业发展不均衡问题仍将存在。从专利类型看，2021年度发明专利、实用新型、外观设计在全省专利授权总量中占比分别为18.19%、69.62%、12.19%。在全省专利授权总量中发明专利占比最高的是青岛市，为24.62%，较2020年略有提升；其次是潍坊市，为23.66%，较2020年提升6.71个百分点；济南市为19.84%，较2020年基本持平。

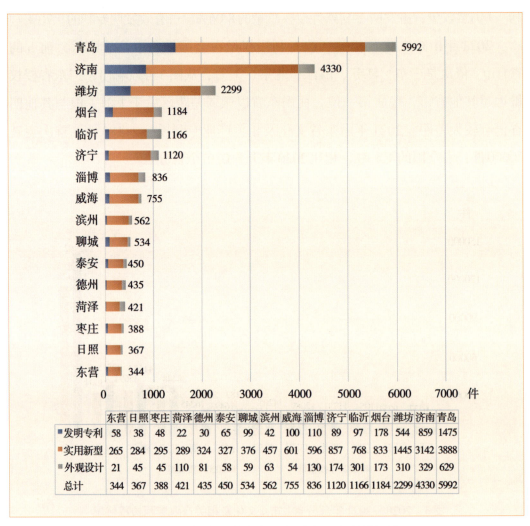

	东营	日照	枣庄	菏泽	德州	泰安	聊城	滨州	威海	淄博	济宁	临沂	烟台	潍坊	济南	青岛
发明专利	58	38	48	22	30	65	99	42	100	110	89	97	178	544	859	1475
实用新型	265	284	295	289	324	327	376	457	601	596	857	768	833	1445	3142	3888
外观设计	21	45	45	110	81	58	59	63	54	130	174	301	173	310	329	629
总计	344	367	388	421	435	450	534	562	755	836	1120	1166	1184	2299	4330	5992

图4　2021年山东省16市文化及相关产业专利授权情况图

二、行业分析

根据国家统计局发布的《文化及相关产业分类（2018）》，将文化产业分为9个行业大类、43个中类、146个小类。此处行业分析是指9个行业大类分析，分别是：新闻信息服务、文化传播渠道、创意设计服务、文化投资运营、文化娱乐休闲服务、内容创作生产、文化辅助生产和中介服务、文化装备生产和文化消费终端生产，其中，新闻信息服务、文化传播渠道、创意设计服务、文化投资运营、文化娱乐休闲服务、内容创作生产6个大类为文化核心领域，而文化辅助生产和中介服务、文化装备生产和文化消费终端生产3个大类为文化相关领域。

按照行业统计专利数量，会出现各行业专利数量总和超过实际专利授权数量的情况，这是由于同一件专利存在同时被归类为九大行业中两个以上不同行业当中，在进行行业分析时，会不可避免地进行重复计算，但这并不会影响对行业布局分析的准确性和客观性。

从图5可以明确得知2021年文化及相关产业的三种专利的行业布局情况。2021年专利授权量排名前三的行业分别为文化消费终端生产、文化装备

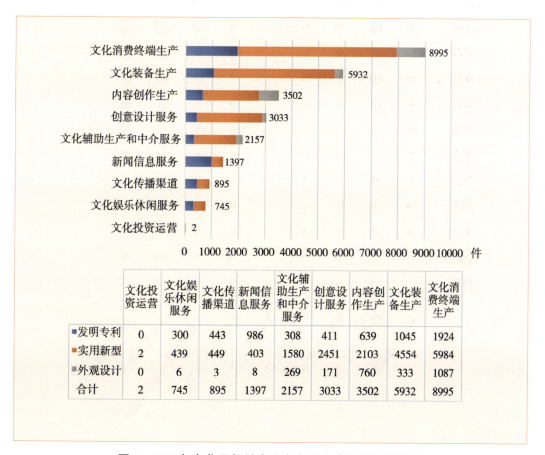

	文化投资运营	文化娱乐休闲服务	文化传播渠道	新闻信息服务	文化辅助生产和中介服务	创意设计服务	内容创作生产	文化装备生产	文化消费终端生产
■发明专利	0	300	443	986	308	411	639	1045	1924
■实用新型	2	439	449	403	1580	2451	2103	4554	5984
■外观设计	0	6	3	8	269	171	760	333	1087
合计	2	745	895	1397	2157	3033	3502	5932	8995

图5 2021年文化及相关产业九大行业专利授权情况图

生产行业和内容创作生产，授权量分别为8995件、5932件、3502件，最少的为文化投资运营。文化产业中不同行业间授权专利数量的差距不能完全归因于行业发展水平，这其中是由不同行业的行业特色决定的，包含产品制造的行业往往更易产生专利技术并获得授权，从而导致"文化消费终端生产"和"文化装备生产"两个行业的专利授权量在所有行业的专利授权总量中占比达55.99%。

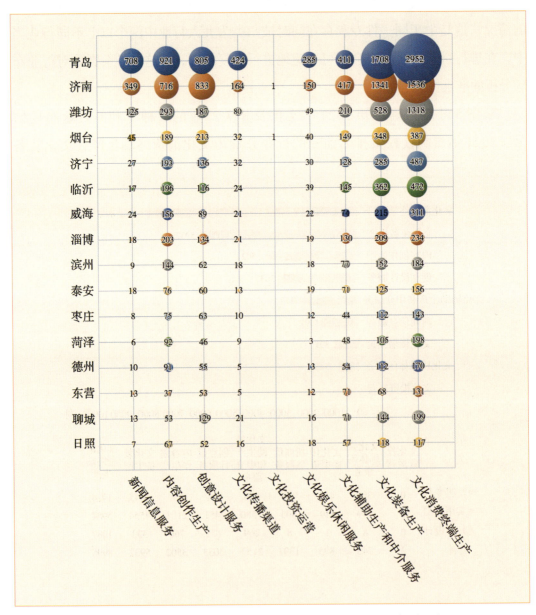

图6 2021年山东省16市文化及相关产业九大行业授权专利分布图

图6是山东省16市在文化及相关产业中的授权专利行业分布情况。从图中可知，16市普遍在文化消费终端生产和文化装备生产两个行业中布局专利较多，文化投资运营行业有自身的行业特色，仅有2件专利，此处不作分析。从整体来看，16市在8个行业（不包括文化投资运营）内都存在专利授权，但济南、青岛相较其他城市具有明显优势。

青岛市在文化消费终端生产、文化装备生产、文化娱乐休闲服务、文化传播渠道、内容创作生产和新闻信息服务6个行业内的专利授权数量都是全省排名第一，产业结构发展较为完善，在文化消费终端生产行业和文化装备生产两个行业远超其他城市。济南市拥有深厚的文化资源和集聚优势，具有很大发展潜力，在文化辅助生产和中介服务、创意设计服务行业的专利授权量以微弱优势领先青岛市，位居全省第一位，而文化消费终端生产、文化娱乐休闲服务、文化传播渠道和新闻信息服务四个行业与青岛市还存在明显差距。其余14市中，潍坊市作为风筝之都，立足自身优势，一直注重文化资源的开发，虽然各个行业授权总量不及济南、青岛，但在内容创作生产、文化消费终端生产和文化装备生产三个行业的专利授权量已逐渐积累起明显优于其他13个城市的数量优势。

（撰稿：山东省知识产权发展中心　刘　钊）

2020年全省旅游发展情况分析报告

2020年是极不平凡的一年。面对严峻复杂的形势和新冠疫情的冲击，全省文化和旅游战线坚持以习近平新时代中国特色社会主义思想为指导，全心全力服务大局，加快文旅融合发展，促进文化和旅游消费升级，服务人民对美好生活的追求。

一、旅游发展总体情况好于预期

2020年，全省接待游客5.77亿人次，旅游总收入6019.7亿元，分别恢复到2019年的61.5%和54.3%，国内旅游恢复比例分别高于全国14和16个百分点，恢复情况好于预期。

（一）旅游接待收入季季升高

一季度冰封俩月，元月下旬疫情暴发，旅游活动按要求暂时停滞，旅游

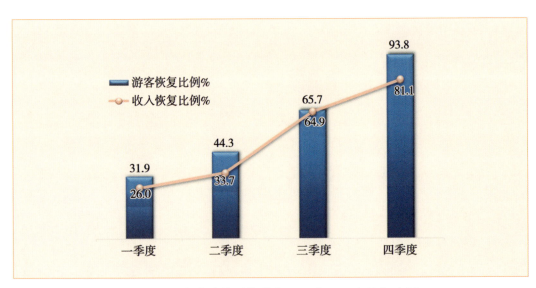

图1　2020年全省旅游接待收入同比2019年恢复比例

接待收入同比分别下降近7成和7.5成。二季度疫情好转，清明、五一和端午小长假，出游需求有序释放，旅游活动开始恢复。三季度恢复过六成，疫情防控进入常态化阶段，全省旅游市场恢复比例实现过半。四季度再上台阶，全省旅游接待收入分别恢复93.8%和81.1%；比三季度分别提升28.1和16.2个百分点。

（二）旅游发展增势呈对号曲线

从月度看，2020年全省旅游发展呈现先降后升"√"曲线。1月下旬起，旅游活动出现冰封。3月初，全省疫情防控得力，旅游经济有序恢复。3月—5月，旅游总收入月均环比增长183.7%；5月—9月，月均环比增长27.7%；9月16—

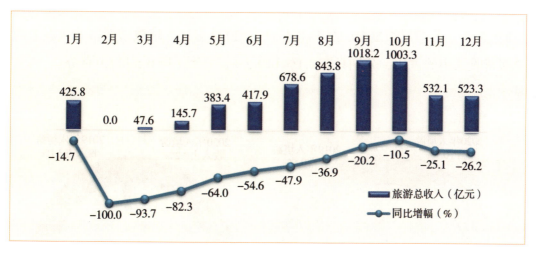

图2　2020年各月全省旅游总收入及同比增幅

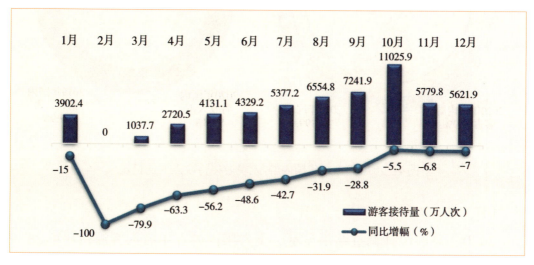

图3　2020年各月全省游客总人次及同比增幅

17日全省旅游发展大会召开以后，全省旅游业落实九大举措，进入快速恢复期，10月游客接待量达到全年峰值，游客总量和旅游收入分别达到上一年同期94.5%、89.5%。受青岛疫情影响，10月中下旬到年底，全省旅游市场恢复率略有降低。（详见图2、图3）

（三）国内旅游主体地位更加突出

受国内防疫形势向好、国际疫情形势严峻影响，国内旅游主体地位更加突出。3月份全省旅游场所和公共文化场馆基本开放，经历清明、五一和端午小长假拉动，到开放跨省游、暑期游，国庆黄金周，国内旅游市场恢复到八成。

2020年，全省接待国内游客5.77亿人次，实现国内旅游收入6005.3亿元，分别恢复到去年的61.8%和55.0%；接待入境游客52.8万人次，入境旅游收入2.1亿美元，分别仅恢复10.1%和和6.1%。2020年，入境旅游接待收入在旅游总接待收入中的占比，分别只有0.1%和0.2%，分别下降0.5和1.9百分点。（详见图4）

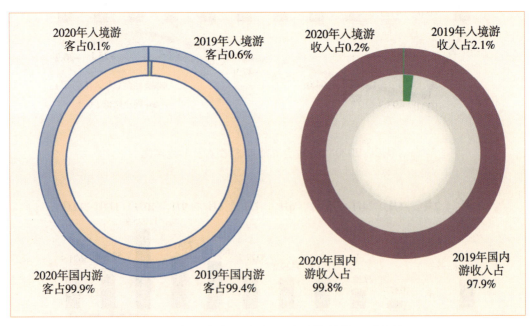

图4　2020年山东省国内游/入境游接待收入对比情况

（四）省内游和一日游占比提升

2020年旅游统计调查结果显示，全省国内游客中省内客源占比由2019年的63.9%提升到68.9%，而一日游游客占比由2019年的60.9%提升到

63.3%。数据说明，受新冠疫情影响，中长途旅游受限，周边游行程短、出游频率高、休闲性质浓，与疫情常态化阶段游客的出游需求相契合，成为复苏最快的版块。

图5　2020年山东省省内外和过夜游/一日游客源结构

（五）外省客源市场恢复过半

2020年旅游统计调查结果显示，接待省外游客1.79亿人次，恢复到2019年同期的53.1%。其中，前五位外省客源地及市场占比情况是：江苏占3.99%、河北占3.56%、河南占3.23%、安徽占1.90%、黑龙江占1.84%，省外客源主要集中在山东相邻省份，长距离省际旅游仍然受到明显制约。

表1　　　　　　　　2020年山东省旅游接待外省游客TOP10

序号	省市	占比（%）	增减变化
1	江苏	3.99	−0.28
2	河北	3.56	−0.37
3	河南	3.23	−0.01
4	安徽	1.90	−0.01
5	黑龙江	1.84	−0.02
6	辽宁	1.46	−0.52
7	山西	1.42	−0.40

序号	省市	占比（%）	增减变化
8	浙江	1.33	−0.17
9	吉林	1.30	−0.21
10	四川	1.01	−0.02

二、2020年旅游经济发展主要特点

全省文化和旅游系统深入贯彻中央关于统筹疫情防控和经济社会发展的决策部署，2020年全省旅游复工复产和高质量发展取得显著成效。

（一）文旅行业复工复产举措得力

1.疫情暴发前旅游迎来小高潮

新年伊始，全省就全面开展了"冬游齐鲁·好客山东惠民季"活动，推出了好客山东贺年会、冬季美食嘉年华、各地特色主题节庆三项冬季旅游特色节庆活动，激发了民众出游热情。仅2020年元旦假日，全省就接待游客406.2万人次，实现旅游收入30.3亿元，按可比口径分别增长8.9%和11.3%，说明全省旅游消费需求增长潜力大，潜在产能显著。

2.疫情蔓延期全面加强政策保障

省政府办公厅先后印发《关于应对新型冠状病毒感染肺炎疫情支持中小企业平稳健康发展的若干意见》《关于应对新冠肺炎疫情支持生活服务业批发零售业展览业及电影放映业健康发展的若干意见》《关于应对新冠肺炎疫情影响促进文化和旅游产业健康发展的若干意见》；省文化和旅游厅印发了《山东省新冠肺炎疫情期间旅游住宿业防控工作指导手册》《山东省公共文化场馆新冠肺炎防控指南》《山东省A级旅游景区新型冠状病毒肺炎防控手册》等一系列政策文件，主动帮企纾难解困，暂退全省2308家旅行社80%质保金4亿多元，缓解企业现金流压力。

3.防疫向好期有序推动复工复产

2月25日起，全省旅游景区陆续恢复开放。3月27日，山东省内的旅行社及在线旅游企业恢复省内旅游经营活动。出台政策对全省5900多家网吧减免宽带使用费7350万元。到4月28日，全省恢复开放628家A级旅游景区。清明假

日期间，泰山景区日均接待15000人次，台儿庄古城日均23000余人次。积极推动国有景区实施门票减免优惠，8月1日起，81家国有景区大幅降低门票价格。2020年国庆、中秋假日期间，全省游客接待量和旅游收分别恢复到去年同期的81.9%和71.5%，充分说明山东旅游疫情后的恢复能力比较强劲。

（二）文旅深度融合发展成效显著

1.文化旅游产业供给结构趋优

一是文旅产业核心供给多元化。2020年，新增萤火虫水洞·地下大峡谷5A级旅游区、日照山海天国家级旅游度假区以及荣成、蓬莱、齐河、沂南、章丘5个国家级全域旅游示范区。截至2020年底，全省共有1227家A级景区，位居全国首位；国家级全域旅游示范区8家，居全国首位；全省星级饭店总数达539家，数量居全国第三位；全省共有旅游度假区46家，其中国家级旅游度假区达到5家（含石老人国家旅游度假区），位居全国第三位。二是文旅消费活动拉动力不断提升。经省委、省政府研究同意，印发《山东省文化旅游融合发展规划》，启动"第四届山东文化和旅游惠民消费季"，策划开展8793项主题活动，组织举办定向消费券活动23场，累计参与人次达到2.51亿。第四届消费季期间，省、市、县三级财政发放使用文化和旅游惠民消费券1.5亿元，同比增长33.9%；直接带动消费9.8亿元，同比增长51.3%；间接带动消费115.1亿元，撬动线上、线下让利17亿元助力惠民。三是智慧文旅服务体系进一步完善。于9月启动"好客山东云游齐鲁"智慧文旅试点工作。积极建设旅游景区门票预约机制。2020年，全省13家5A级景区全部实现分时预约并接入省级平台，135家4A级景区开发预约系统并接入省级平台，预约实现率72%。

2.夜间文化旅游发展政策支撑有力

一是夜游政策措施推进夜游产品提升。从供给端不断发力，逐步释放夜游市场潜力。在省级层面上，2019年印发了《关于加快推进夜间旅游发展的实施意见》，提出发展夜间旅游的目标任务和一系列政策措施，为全国第一个省份。2020年，全省印发《关于应对新冠肺炎疫情影响促进文化和旅游产业健康发展的若干意见》《山东省文化旅游融合发展规划（2020—2025年）》，进一步加强夜间旅游发展举措。市级层面上，近两年全省共有9个地市出台了11项针对促进夜间旅游发展的相关政策措施。二是夜游活动点亮夜间经济。青岛啤酒节、烟台市民文化节、临沂广场文化艺术节等夜游活动带热夜间经济。济南市推出"全程夜未央　公交不打烊"系列服务，济南公交助力夜经济开通三条夜间特色线路和夜市打卡专线；"泉城夜宴·明湖秀"6月正式复演。组织推出了济南芙蓉街、曲水亭街、宽厚里、护城河、大明湖、百花洲；青岛浮山湾灯光秀；泰安洋河、西湖大型音乐喷泉等一批夜间文旅热点。潍坊市全力推动28个夜间经济重点项目建设，打造夜间消费集聚区。济宁市25家夜间旅游点自"五一"以来共吸引游客439.28万人次，拉动夜间消费近3.6亿元，尼山圣境推出"夜游尼山"活动，累计接待游客32万人次。

3.红色文化旅游融合发展走在前列

一是政策支持红色旅游取得新发展。6月份，省委、省政府印发《贯彻落实〈新时代爱国主义教育实施纲要〉的若干措施》。11月《山东省红色文化保护传承条例》通过审议，将每年7月设为全省红色文化主题月。省级爱国主义教育基地156家；革命类博物馆、纪念馆52家。山东省沂南县红色旅游发展典型案例、山东省威海市刘公岛爱国主义教育基地红色旅游发展典型案例、山东省聊城市孔繁森同志纪念馆红色旅游发展典型案例共3个案例入选全国红色旅游发展典型案例，并列全国首位。二是革命文物保护利用走在全国前列。全省革命文物数量位居全国前列，共有不可移动革命文物897处，可移动珍贵革命文物3233件/套。有10处入选第三批国家级抗战纪念设施、遗址名录，国家级抗战纪念设施、遗址已经达到30处，数量居全国首位。93个县列入全国第二批革命文物保护利用片区分县名单，数量居全国首位。全省还精心推出了莱芜709文化产业园等10大革命文物保护利用典型案例。这些优质的红色文化资源的转化利用，为全省红色旅游的发展提供了支撑。2020年，全省红色旅游景区景点接待游客达3000万人次，红色旅游综合收入约140亿元。

4.乡村文化旅游高质量发展助力乡村振兴

乡村旅游是带动群众增收、推动乡村振兴的重要抓手。2020年山东省接待乡村旅游游客2.3亿人次，实现乡村　旅游综合收入1120.7亿元。全省国家乡村旅游重点村34个，总量位居全国前列。策划培育十大乡村旅游文化品牌，推出乡村旅游9大新体验、12个微旅行目的地和32家网红打卡民宿。推出乡村旅游精品线路10条。2020年，受新冠疫情影响，乡村旅游客源市场以省内游客为

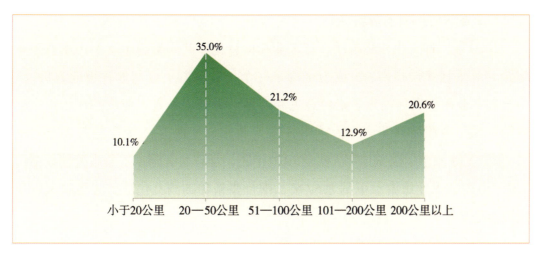

图6　2020年全省接待乡村游客出游半径分布图

绝对主体，省内乡村游客中，市内游占比高达61.4%。乡村旅游综合收入集中餐饮、交通、购物三方面，乡村旅游纪念品最受青睐，田园风光为主要吸引力。在"本地人游本地"大趋势下，出游距离以中短途为主，多数出游半径集中在20－100公里，其中两到三小时车程以内为游客最佳出游半径。

（三）旅游新业态新模式推动新发展

2020年，新冠疫情加速旅游业态融合、模式创新，全省研学、工业、康养、体育、冰雪等"旅游+"产品走出文旅融合高质量发展"新路子"。

1.研学旅游质量持续提升

全省有8家国家中小学生研学实践教育基地，111家省级中小学生研学基地，省旅游行业协会成立了研学分会，确保"游有所研""旅有所学"。济宁市在全省首创"6+1"模式（"6"即游得舒心、购得称心、娱得开心、吃得放心、住得安心、行得顺心"六心"研学旅游品牌，"1"即一个内外同优的研学旅游环境），推出60余项研学课程，2020年济宁市43家重点研学旅行机构接待研学人数达143.5万人次，直接收入1490.1万元。尼山圣境举办山东省研学旅游现场推进会，曲阜市每年接待研学旅游团队2万余个，游客超过70万人次，近年来吸引了来自美、德、法等20多个国家和地区的境外师生来曲阜朝圣游学。胶东五市举办教育协同发展联盟成立大会，启动"红色基因传承之旅"研学旅行共享项目，并公布了首批50个研学旅行共享项目实践基地。

2.工业旅游拓展消费新空间

2020年，省文化和旅游厅、省工业和信息化厅共同编制印发《山东省工业旅游示范基地建设指南》，成为全国第一个工业旅游示范基地省级地方标准，为全省工业旅游发展提出了指导意见和遵循。举行山东省工业旅游现场推进会暨第三届工业旅游联盟大会。济南九阳工业旅游基地等18家单位获评第三批"山东省工业旅游示范基地"。截至2020年底，全省共有国家工业旅游创新单位3家，山东省工业旅游示范基地67家，烟台张裕葡萄酒文化旅游区为国家工业旅游示范基地。

3.康养旅游迎来新机遇实现新发展

2020年，省文化和旅游厅、省卫生健康委以供给侧结构性改革为主线，以文旅+为路径，发展新业态，培育新动能，共同编制印发《康养旅游示范基地建设指南》。山东宏济堂等7家单位被评为首批"山东省中医药健康旅游示范基地"。济南房干森林康养旅游基地等18家单位被评为首批省级康养旅游示范基地。山东桃花岗森林康养基地、寿光林发集团森林康养基地、牛郎山森林康养基地、获鹿山谷4家单位入选第一批国家森林康养基地名单。截至2020年底，全省共有4家国家中医药健康旅游示范基地创建单位，25家省级康养旅游示范基地。潍坊市中国艾·大健康运营中心2020年接待康养旅游游客35万人次，旅游收入1400万元。威海开发出温泉暖冬保健之旅等20余条中医药健康旅游线路。东营推进揽翠湖度假区温泉康养项目丰富升级，依托森林覆盖率达90%和地热温泉等优势资源，将康养环境、康养文化和生态旅游方式相结合，打造湖水澄碧，沙滩细软、百鸟鸣唱，观婚礼岛、品美食、泡温泉、钓鱼、打高尔夫、享中医理疗等康旅文化小镇。

4.体育旅游供给更加丰富多彩

省文化和旅游厅与省体育局推动全省体育旅游的发展，2020年发布"春节黄金周山东体育旅游精品线路""十一黄金周山东省体育旅游精品线路"，联合推出冰雪、沿海徒步、运动休闲和颐养休闲之旅等17条精品体育旅游线路。评选济南雪野航空科技体育公园等13家单位为首批"山东省体育旅游示范基地"。全国评选的首批15家"国家航空飞行营地示范单位"，全省入选3家。潍坊市文化和旅游局、体育局联合制定发布《潍坊市体育旅游示范基地评定办法（试行）》，经审核授予齐鲁酒地文化发展股份有限公司等11个单位为潍坊市体育旅游示范基地。潍坊临朐揽翠湖马术俱乐部，2020年体育旅游接待游客43.6万人次，收入3502.7万元。

5.冰雪旅游点燃冬季"一把火"

为贯彻落实习近平总书记"冰天雪地也是金山银山"的指示精神，实现北京冬奥会提出的"三亿人上冰雪"目标，全省以文化为牵引，进一步提升冰雪旅游的服务品质和产品丰富度。举办了"山东省第三届冬季全民健身运动会轮滑冰球比赛""山东省首届大众滑雪赛"等冰雪运动赛事，推动冰雪运动在广大群众中普及，掀起全民冰雪健身的热潮。泰山冰雪文体中心建设了世界先进的冰雪馆群5个，一跃成为全省最大的室内冰雪场馆，有望作为2022年冬奥会备战冰球、花滑、短道速滑跨界选拔的训练基地；泰山天颐湖打造了近30种娱乐项目的冰雪乐园，成为亲子游打卡地。青岛市推出包含5大场景在内的10条时尚体育冰雪旅游路线，全力打造青岛冬季冰雪运动新名片。济南雪乡主题景区"跑马岭·齐鲁雪乡"正式开业，包含雾凇大道、冰雪童话主题乐园等7大主题区以及多类型的雪乡主题民宿及雪乡美食。玩冰雪正在成为百姓冬季的时尚新民俗，冰雪游为全省冬天淡季旅游点燃了"一把火"。2022年北京冬奥会提供了强劲"东风"，开发好"冰雪经济"，让体育、旅游、文化产业融合起来，既能推动体育强国建设，也能助力经济高质量发展。

（四）假日旅游消费需求潜力强劲释放

1.假日旅游供给不断优化

假日旅游期间，景区、酒店、旅行社等旅游企业贯彻落实"预约、错峰、限流"管理要求，假日旅游市场呈现"平安、有序、繁荣、文明"的特征。"五一"期间，全省推出康养游、文化游、采摘游、研学游、自驾游等8大主题418条线路产品。国庆中秋双节假日期间，省、市、县三级集中发放2000万元惠民消费券，组织开展"金秋赏游""金秋欢购""金秋礼赞""金秋送暖"四大系列200余项文化和旅游活动。

2.假日旅游经济拉动作用显著

清明小长假全省接待游客513.6万人次，实现旅游收入17.1亿元。"五一"假日作为疫情防控进入常态化阶段后的首个旅游小长假，全省接待国内游客1265.8

万人次，国内旅游收入68.3亿元。端午假日期间，文旅消费呈现整体回暖态势，全省接待国内游客956.8万人次，国内旅游收入46.5亿元，恢复到2019年同期的五成左右。"国庆中秋"双节假期是常态化疫情防控下的第一个8天长假，居民出游需求旺盛，文化和旅游消费市场呈强势恢复态势，全省接待游客6232.1万人次，实现旅游收入449.3亿元，分别恢复到去年同期的80.9%和71.5%。

（五）自驾成后疫情时代主要出游方式

1.自驾游为出游首选方式

自驾游具有小聚集、大空间的优势。调查显示：2020年全省自驾游比重超过65%，而以火车、长途汽车、飞机、轮船等方式来鲁游客分别占比20.3%、9.2%、3.6%和1.0%。

从涉旅客流大数据看：2020年，全省高速公路客车通行量为28250.1万辆，同比仅下降10.5%，全省铁路客运量为9373.7万人次，同比下降41.1%，全省高速客车通行增减幅度比铁路客流增减幅度高30个百分点。分月度看，受疫情快速蔓延，交通管控限制，2月份高速、铁路客流呈现双低现象。5月起，疫情防控形势向好，高速、铁路客流降幅环比不断缩减，呈现稳步恢复态势，而高速客流恢复速度高于铁路，9月实现正增长，12月高速客流同比增长9.8%，铁路客流同比下降17.5%。

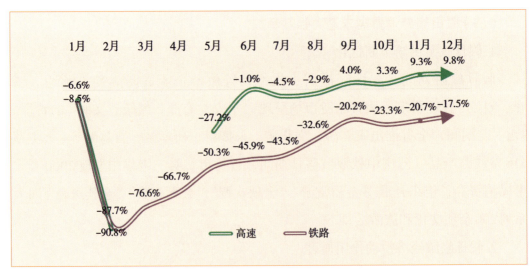

图7　2020年各月高速公路和铁路客运量同比增减图

说明：因新冠肺炎疫情影响，3、4月高速客车通行量未统计。

2.自驾惠民活动拉动作用显著

自驾游的出行方式，恰恰满足了人们走走停停、慢下来深度体验的诉求，让出游者放慢步伐，欣赏旅途中的风景，解读风景中的文化，体验'远方'的生活。2020年，全省把自驾游上升为重要举措，举办高规格"6个100自驾游行动"（百万省内车友自驾游、百万省外车友自驾游、百场县长和行业协会会长自驾直播带货游、百场夜休闲自驾车游、百场全省特色乡村自驾体验游、百场全省特色主题酒店自驾打卡游），组织金融、石油、汽车、交通运输部门以及旅游行业协会出台系列优惠政策，动员省市县各级统一行动，迅速形成自驾游的热潮，累计组织4600场大型自驾游体验活动，全年带动450万辆自驾车次出行，吸引超过1200万人次参与自驾出游，直接拉动消费45亿元，间接带动消费超过110亿元，有效带动了客流快速回升，提升了市场复苏的信心。

（撰稿：山东省文旅厅　张记高　王　鹏）

二、经济和社会发展概况

JINGJI HE SHEHUI
FAZHAN GAIKUANG

表2.1　　　　　　　　　　　　地区生产总值及构成

年份	地区生产总值（亿元）	第一产业	第二产业	第三产业	增速（％，不变价）	构成（％）		
						第一产业	第二产业	第三产业
2015	55288.8	4902.8	24814.9	25571.1	7.8	8.9	44.9	46.2
2016	58762.5	4830.3	25565.0	28367.2	7.4	8.2	43.5	48.3
2017	63012.1	4832.7	26925.6	31253.8	7.3	7.7	42.7	49.6
2018	66648.9	4950.5	27523.7	34174.7	6.3	7.4	41.3	51.3
2019	70540.5	5117.0	28171.8	37251.7	5.3	7.3	39.9	52.8
2020	72798.2	5364.4	28456.7	38977.2	3.5	7.4	39.1	53.5

数据来源：山东省统计局。

地区生产总值构成及增速

表2.2 人口数及构成

年份	年末总人口（万人）	城镇	乡村	构成（%）城镇	乡村
2015	9866	5621	4245	56.97	43.03
2016	9973	5897	4076	59.13	40.87
2017	10033	6099	3934	60.79	39.21
2018	10077	6193	3884	61.46	38.54
2019	10106	6252	3854	61.86	38.14
2020	10165	6409	3756	63.05	36.95

数据来源：山东省统计局。

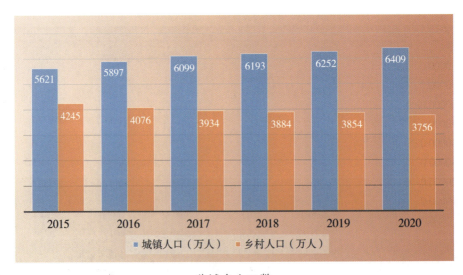

分城乡人口数

表2.3 　　　　　　　　　　　　居民收入与消费

単位：元

年份	全体居民			城镇居民			农村居民		
	人均可支配收入	人均消费支出	#教育文化娱乐	人均可支配收入	人均消费支出	#教育文化娱乐	人均可支配收入	人均消费支出	#教育文化娱乐
2015	22703	14578	1557	31545	19854	2141	12930	8748	912
2016	24685	15926	1755	34012	21495	2399	13954	9519	1013
2017	26930	17281	1948	36789	23072	2622	15118	10342	1141
2018	29205	18780	2174	39549	24798	2903	16297	11270	1266
2019	31597	20427	2410	42329	26731	3171	17775	12309	1429
2020	32886	20940	2374	43726	27291	3204	18753	12660	1291

注：自2013年起，全省实施城乡住户调查一体化改革，居民收支相关资料来源于住户收支与生活状况调查年报。

数据来源：国家统计局山东调查总队。

人均教育文化娱乐消费支出

表2.4　　　　　　　　　　　　　货物进出口基本情况

单位：亿美元

年份	进出口总值	出口	进口	进出口差额
2015	2417.5	1440.6	976.9	463.7
2016	2342.1	1371.6	970.5	401.1
2017	2630.6	1471.0	1159.6	311.4
2018	2923.9	1601.4	1322.5	278.9
2019	2970.0	1614.4	1355.6	258.8
2020	3202.1	1889.2	1312.9	576.3

数据来源：海关总署。

全省货物进出口情况

表2.5　　　　　　　　　　　公共财政预算收支基本情况

年份	公共财政预算收入（亿元）	公共财政预算支出（亿元）	#文化体育与传媒	增速（%）		
				公共财政预算收入	公共财政预算支出	
						#文化体育与传媒
2015	5529.33	8250.01	137.26	10.0	14.9	7.4
2016	5860.18	8755.20	137.47	6.0	6.1	0.2
2017	6098.63	9258.40	141.90	4.1	5.7	3.2
2018	6485.40	10100.96	153.52	6.3	9.1	8.2
2019	6526.71	10739.76	189.50	0.6	6.3	23.4
2020	6559.93	11233.52	170.11	0.5	4.6	−10.2

注：2019年统计口径调整，原"文化体育与传媒"改为"文化旅游体育与传媒"。
数据来源：山东省财政厅。

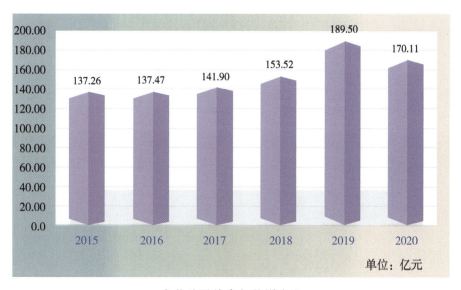

文化旅游体育与传媒支出

三、文化及相关产业发展情况

WENHUA JI XIANGGUAN CHANYE
FAZHAN QINGKUANG

表3.1   文化及相关产业增加值及占GDP比重

年份	增加值（亿元）	占GDP的比重（%）
2015	1911.75	3.46
2016	2139.01	3.64
2017	2330.20	3.70
2018	2528.00	3.79
2019	2674.84	3.79
2020	2708.92	3.72

数据来源：山东省统计局。

文化及相关产业增加值及占GDP比重

表3.2 规模（限额）以上文化及相关产业法人单位数及构成

年份	法 人 单位数（个）	文 化 制造业	文化批发 和零售业	文 化 服务业	构成（%）		
					文 化 制造业	文化批发 和零售业	文 化 服务业
2020	2648	1008	645	995	38.1	24.4	37.6

数据来源：山东省统计局。

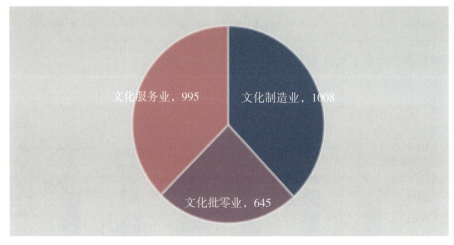

规模（限额）以上文化及相关产业单位数（个）

表3.3 按类别分规模（限额）以上文化及相关产业法人单位基本情况（2020年）

类别	法人单位数（个）	年末从业人员（人）	资产总计（亿元）	营业收入（亿元）	营业利润（亿元）	营业税金及附加（亿元）	应缴增值税（亿元）
合计	2648	375866	8029.4	4966.4	188.2	20.0	67.4
新闻信息服务	79	23752	187.8	107.8	−1.4	0.7	2.5
内容创作生产	587	69835	641.9	538.0	32.6	2.5	8.0
创意设计服务	367	40754	358.7	326.5	25.3	1.5	8.3
文化传播渠道	330	38453	533.4	404.6	11.0	1.6	2.6
文化投资运营	11	894	1132.3	8.3	0.4	0.7	0.5
文化娱乐休闲服务	119	16398	663.2	34.4	−10.5	0.7	0.3
文化辅助生产和中介服务	606	104905	2686.2	1535.2	91.4	7.9	33.9
文化装备生产	96	10628	89.8	90.5	1.5	0.4	1.2
文化消费终端生产	453	70247	1736.0	1921.2	37.9	3.9	10.1

数据来源：山东省统计局。

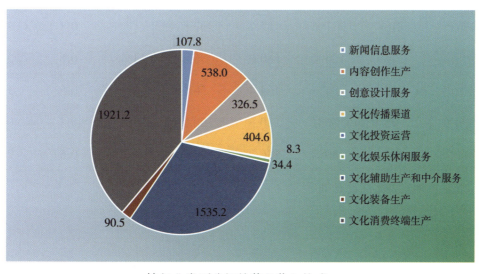

按行业类别分组的营业收入构成

表3.4　　　　分地区规模以上文化及相关产业法人单位基本情况（2020年）

地区	法人单位数（个）	年末从业人员（人）	资产总计（亿元）	营业收入（亿元）	营业利润（亿元）	营业税金及附加（亿元）	应缴增值税（亿元）
全省	2648	375866	8029.4	4966.4	188.2	20.0	67.4
济南市	463	65460	1068.8	690.9	49.7	3.1	10.0
青岛市	558	59178	1288.1	1264.9	34.9	4.1	12.4
淄博市	152	29921	338.6	220.3	6.5	1.1	3.5
枣庄市	66	4926	44.8	32.7	−0.8	0.2	0.8
东营市	34	5564	226.7	98.4	10.0	0.8	2.1
烟台市	186	50540	873.1	598.5	10.3	1.8	3.8
潍坊市	211	31460	2199.1	817.5	24.3	2.6	11.7
济宁市	175	29686	621.1	477.5	49.0	1.8	8.5
泰安市	67	7798	93.1	39.9	−0.4	0.3	0.7
威海市	90	14519	152.8	81.9	1.1	0.5	1.1
日照市	70	10756	395.0	145.8	−1.5	0.8	3.2
临沂市	218	23166	187.2	207.5		0.8	2.3
德州市	76	12490	160.0	86.4	1.4	0.6	2.3
聊城市	56	8433	164.4	56.1	0.4	0.5	1.1
滨州市	75	8881	80.3	50.2	−1.1	0.3	0.9
菏泽市	151	13088	136.2	98.0	4.4	0.6	2.9

数据来源：山东省统计局。

表3.5 　　　　　　分地区规模以上文化制造业法人单位基本情况（2020年）

地区	法人单位数（个）	年末从业人员（人）	资产总计（亿元）	营业收入（亿元）	营业利润（亿元）	营业税金及附加（亿元）	应缴增值税（亿元）
全省	1008	215137	3739.7	2773.0	133.6	11.9	37.8
济南市	78	11162	105.0	82.7	4.9	0.6	2.0
青岛市	157	27296	353.0	443.9	15.6	1.4	-1.2
淄博市	61	11545	206.4	147.6	2.5	0.6	2.0
枣庄市	22	3778	32.7	22.8	-0.2	0.2	0.6
东营市	8	3633	167.3	78.5	11.8	0.7	1.8
烟台市	75	41177	672.9	531.8	14.5	1.3	2.9
潍坊市	92	24456	973.2	520.7	28.2	1.9	10.0
济宁市	65	19554	482.0	393.0	48.4	1.5	7.4
泰安市	22	4885	36.2	27.5	0.2	0.2	0.5
威海市	43	9288	61.3	52.4	1.6	0.4	0.6
日照市	30	6639	223.2	125.6	-0.4	0.7	2.9
临沂市	129	17068	82.2	108.1	2.0	0.6	2.1
德州市	48	9539	84.7	72.3	1.3	0.6	2.2
聊城市	18	7052	153.6	43.7	0.2	0.5	1.0
滨州市	40	6728	60.6	36.3	-0.9	0.3	0.7
菏泽市	120	11337	45.3	86.3	4.1	0.5	2.2

数据来源：山东省统计局。

表3.6　　　　分地区限额以上文化批发和零售业法人单位基本情况（2020年）

地区	法人单位数（个）	年末从业人员（人）	资产总计（亿元）	营业收入（亿元）	营业利润（亿元）	营业税金及附加（亿元）	应缴增值税（亿元）
全省	645	37204	1088.7	1445.2	23.8	3.3	12.7
济南市	141	12859	236.7	288.9	12.2	0.8	1.0
青岛市	125	5631	426.0	604.7	7.9	1.4	9.0
淄博市	46	2506	50.0	28.8	1.5	0.1	0.1
枣庄市	10	171	0.8	3.2			
东营市	8	226	2.1	2.4			
烟台市	45	2061	25.4	36.0	0.1	0.1	0.3
潍坊市	51	2073	242.5	279.2	0.8	0.5	1.4
济宁市	64	4364	43.3	53.9	0.5	0.2	0.4
泰安市	18	707	2.5	5.1	0.1		0.1
威海市	9	1343	6.6	14.6	0.3		0.1
日照市	11	1251	11.2	9.1			0.1
临沂市	45	1366	18.3	88.1	0.1	0.1	0.1
德州市	17	1062	2.8	8.2	0.2		
聊城市	29	714	5.3	10.2	0.1		
滨州市	20	778	13.3	10.9	0.1		0.1
菏泽市	6	92	1.6	1.8			

数据来源：山东省统计局。

表 3.7　　　　分地区规模以上文化服务业法人单位基本情况（2020年）

地区	法 人单位数（个）	年末从业人员（人）	资产总计（亿元）	营业收入（亿元）	营业利润（亿元）	营业税金及附加（亿元）	应 缴增值税（亿元）
全省	995	123525	3201.1	748.2	30.8	4.8	16.8
济南市	244	41439	727.1	319.3	32.5	1.7	7.0
青岛市	276	26251	509.1	216.4	11.4	1.3	4.6
淄博市	45	15870	82.3	43.9	2.6	0.5	1.5
枣庄市	34	977	11.3	6.7	−0.6		0.1
东营市	18	1705	57.3	17.6	−1.8	0.1	0.2
烟台市	66	7302	174.8	30.7	−4.3	0.3	0.6
潍坊市	68	4931	983.4	17.6	−4.6	0.2	0.3
济宁市	46	5768	95.7	30.7	0.1	0.1	0.7
泰安市	27	2206	54.3	7.2	−0.6	0.1	0.1
威海市	38	3888	84.9	14.9	−0.8	0.1	0.4
日照市	29	2866	160.6	11.1	−1.2	0.1	0.2
临沂市	44	4732	86.7	11.2	−2.2	0.1	0.1
德州市	11	1889	72.5	5.8			0.1
聊城市	9	667	5.5	2.1	0.1		0.1
滨州市	15	1375	6.3	3.0	−0.3		0.1
菏泽市	25	1659	89.3	9.9	0.3		0.7

数据来源：山东省统计局。

表3.8　　　　　分地区文化及相关产业固定资产投资增速情况（2020年）

单位：%

地区	施工项目个数	项目计划总投资	自年初累计完成投资	#国有经济控股	本年资金来源小计	#国家预算资金	国内贷款	利用外资	自筹资金
全省	1.3	10.7	1.4	-5.4	6.7	65.9	-4.3	-34.9	5.4
济南市	5.3	-2.0	11.7	23.7	36.6	-46.2	70.3	156.2	46.1
青岛市	9.4	3.1	-18.9	-44.8	-30.6	1172.9	-19.0	223.8	-37.9
淄博市	-9.6	-35.3	-31.7	0.4	-22.8	2238.3	12450.0		-43.1
枣庄市	-7.6	15.5	1.1	12.7	-3.9	-1.6	66.7		-0.8
东营市	-28.8	-9.4	-47.6	-9.9	-39.5		-95.8		-10.8
烟台市	-28.4	45.3	13.9	37.1	28.0	246.9	-38.4		51.8
潍坊市	11.2	73.4	3.3	-5.7	19.4	-94.5	21.3	-99.4	27.7
济宁市	17.1	-3.7	17.9	-13.6	19.6	-67.6	130.5	362.4	25.5
泰安市	-9.8	54.1	13.6	56.3	90.9		-20.0		104.5
威海市	-7.7	4.2	5.9	9.9	11.2		-1.5	-31.9	5.8
日照市	-11.3	-3.8	23.3	3.8	23.8	119.3	1.6		23.9
临沂市	27.8	19.1	-2.1	-4.4	-9.5	49.6	-38.5		-4.1
德州市	4.4	0.5	-21.4	-60.5	-21.4		33.1		-34.5
聊城市	10.5	-4.0	14.2	22.0	43.2	534.5	-83.8		26.1
滨州市	-39.7	54.0	29.3	170.8	48.9	2260.4	-97.5		-34.8
菏泽市	4.0	19.9	34.3	12.6	49.1	543.2	85.1		30.9

数据来源：山东省统计局。

表3.9　　　分地区亿元以上文化及相关产业固定资产投资增速情况（2020年）

单位：%

地区	施工项目个数	项目计划总投资	自年初累计完成投资	#国有经济控股	本年资金来源小　计	#国家预算资金	国内贷款	利用外资	自筹资金
全省	11.7	14.5	2.5	-11.2	1.3	164.2	9.8	28.9	-2.5
济南市	-12.8	-2.8	10.8	22.2	31.1	-51.7	65.2	156.2	42.7
青岛市	6.4	3.0	-20.5	-46.2	-31.4	1129.9	-17.9	223.8	-38.8
淄博市	-3.8	-35.9	-32.4	13.2	-20.9	2238.3	12450.0		-42.5
枣庄市	-6.8	16.5	1.3	15.5	-6.2	-1.6			-3.8
东营市	15.8	-6.0	-35.0	43.1	-33.2		-95.8		3.5
烟台市	24.0	60.4	45.5	46.8	31.0	244.7	-46.1		56.9
潍坊市	45.1	76.6	13.0	2.4	24.2	-94.5	48.5	-99.4	32.7
济宁市	26.6	-3.3	21.0	-11.2	22.2	-66.4	136.3	790.4	26.7
泰安市	29.2	59.3	34.4	67.7	79.0		-20.0		94.6
威海市	5.4	5.3	14.0	15.9	7.5		4.1	-31.9	1.3
日照市	-4.0	-3.3	23.7	3.1	25.8	571.8	1.7		24.9
临沂市		18.7	-7.3	-8.5	-9.3	57.9	-39.7		-3.5
德州市	9.9	0.5	-21.3	-64.5	-20.8		35.6		-34.3
聊城市	15.6	-4.6	13.1	27.4	41.9	796.4			23.6
滨州市		68.8	69.6	339.2	70.7	8081.4			-28.6
菏泽市	21.2	22.6	42.7	18.8	58.0	543.2	85.1		38.6

数据来源：山东省统计局。

表3.10　　分地区新开工文化及相关产业固定资产投资增速情况（2020年）

单位：%

地区	施工项目个数	项目计划总投资	自年初累计完成投资	#国有经济控股	本年资金来源小计	#国家预算资金	国内贷款	利用外资	自筹资金
全省	-9.1	0.6	7.4	38.2	5.6	390.9	-25.5	26.3	-2.9
济南市	45.8	18.8	82.1	256.6	87.6	-62.8	61.7		104.0
青岛市	-1.7	-13.9	-11.7	-10.4	-33.8		-68.1	223.8	-52.3
淄博市	-20.3	6.1	17.5	148.2	77.3	2238.3			12.4
枣庄市	-39.1	-22.2	5.3	431.4	-11.4	635.1			-25.8
东营市	-28.0	-62.1	-52.0	74.3	-49.7				-54.1
烟台市	-32.0	144.4	33.5	138.1	76.2	425.2	30.3		94.3
潍坊市		49.5	-5.8	58.4	3.2		56.8	-99.4	5.6
济宁市	22.5	-7.4	30.7	16.6	25.8	-56.7	18.5	52.7	48.5
泰安市	-30.4	-18.3	6.5	82.9	121.9		21.1		112.5
威海市	-23.9	-20.3	-25.5	-20.9	-12.8		-78.0		-15.9
日照市	-67.8	-89.4	-68.6	-76.2	-71.3	1048.7			-88.2
临沂市	84.6	49.4	111.2	162.3	108.3	1.6	11.7		144.2
德州市	-15.9	-17.6	-31.2	-49.0	-32.1				-37.3
聊城市	-33.3	-70.6	-13.2	77.5	8.3	538.3			-25.9
滨州市	-42.1	100.0	6.0	38.4	-0.4	379.8			-40.2
菏泽市	8.6	42.8	133.8	1075.4	143.6	14795.2			102.8

数据来源：山东省统计局。

表3.11 分地区亿元以上新开工文化及相关产业固定资产投资增速情况（2020年）

单位：%

地区	施工项目个数	项目计划总投资	自年初累计完成投资	#国有经济控股	本年资金来源小计	#国家预算资金	国内贷款	利用外资	自筹资金
全省		1.7	15.1	43.7	4.9	411.7	-28.4	33.4	-4.1
济南市	-16.1	15.6	80.1	248.7	79.5	-75.3	58.4		96.1
青岛市	-13.2	-14.8	-12.5	-12.2	-33.8		-74.9	223.8	-53.2
淄博市	27.3	11.7	65.2	324.2	110.4	2238.3			34.6
枣庄市	-43.8	-21.9	14.0	714.0	-10.3	635.1			-26.8
东营市	0.0	-61.3	-22.2	2587.8	-43.6				-48.5
烟台市	37.5	201.8	102.3	112.6	49.7	423.0			61.7
潍坊市	41.3	52.8	10.7	88.2	10.5		74.9	-99.4	13.8
济宁市	26.8	-8.2	33.4	19.5	27.4	-56.7	23.4	194.1	49.0
泰安市	-3.7	-16.1	57.0	165.6	108.4		21.1		106.6
威海市	-29.0	-22.0	-29.5	-15.3	-26.8		-78.0		-32.1
日照市	-75.6	-90.0	-72.4	-76.6	-74.1	1048.7			-91.2
临沂市	38.5	49.3	105.7	187.5	122.5	-9.1	5.3		162.3
德州市	-17.6	-18.9	-36.4	-58.9	-33.5				-39.4
聊城市	-22.2	-71.4	-10.8	238.4	8.6	3205.1			-32.3
滨州市	-11.1	111.1	38.2	35.3	21.4	379.8			-11.5
菏泽市	31.8	47.1	166.4	3479.8	159.2	14795.2			114.6

数据来源：山东省统计局。

表3.12　　　　　　　　　　**文化娱乐用品及服务价格指数**

（上年＝100）

年份	居民消费价格指数	#文娱用耐用消费品及服务	#文化娱乐	#旅游
2015	101.2	100.8	102.4	99.6

年份	居民消费价格指数	文化娱乐	#文娱耐用消费品	其他文娱用品	文化娱乐服务	旅游
2016	102.1	101.5	98.3	101.6	101.7	102.8
2017	101.5	101.5	98.7	100.6	101.3	103.1
2018	102.5	101.4	99.5	101.5	101.4	102.1
2019	103.2	102.4	99.8	102.0	101.0	104.2
2020	102.8	99.7	98.7	100.2	96.5	101.3

　　注：2001年以来按照国家统计制度要求，山东CPI每五年进行一次基期轮换，2016年1月开始以2015年作为新一轮对比基期，前三轮基期分别为2000年、2005年和2010年。与上轮基期相比，新基期调查目录和规格品种经国家统计局修订后，与国际标准更为接近，指标名称和口径范围也有相应调整。

　　数据来源：国家统计局山东调查总队。

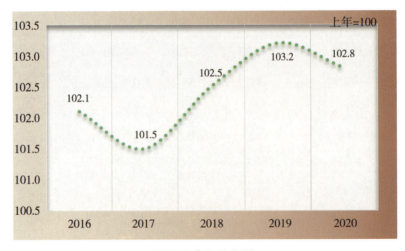

居民消费价格指数

表 3.13　　　　　按城乡分文化娱乐用品及服务价格指数（2020年）

（上年＝100）

项目	全省	城市	农村
居民消费价格指数	102.8	102.5	103.6
文化娱乐	99.7	99.8	99.4
#文娱耐用消费品	98.7	98.5	99.2
其他文娱用品	100.2	100.1	100.6
文化娱乐服务	96.5	96.0	98.5
旅游	101.3	101.5	99.0

　　注：2001年以来按照国家统计制度要求，山东CPI每五年进行一次基期轮换，2016年1月开始以2015年作为新一轮对比基期，前三轮基期分别为2000年、2005年和2010年。与上轮基期相比，新基期调查目录和规格品经国家统计局修订后，与国际标准更为接近，指标名称和口径范围也有相应调整。

　　数据来源：国家统计局山东调查总队。

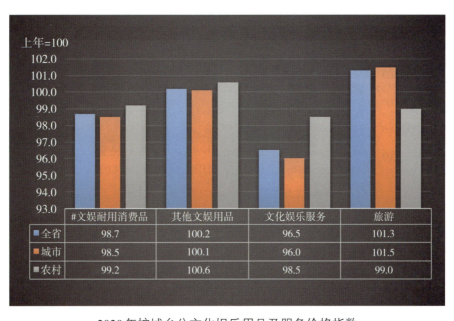

2020年按城乡分文化娱乐用品及服务价格指数

表3.14   文化产品进出口情况

年份	进出口总额（万美元）	出口额	进口额	贸易差额（万美元）	增长（%）		
					进出口	出口	进口
2015	532057	488912	43145	445767	49.4	63.7	−24.8
2016	621694	574339	47355	526984	16.9	17.5	9.8
2017	737662	721654	16009	705645	18.7	25.6	−66.2
2018	695858	683297	12561	670736	−5.7	−5.3	−21.5
2019	625984	608400	17584	590816	−10.0	−11.0	40.0
2020	1025089	1004833	20256	984577	63.8	65.2	15.2

数据来源：海关总署。

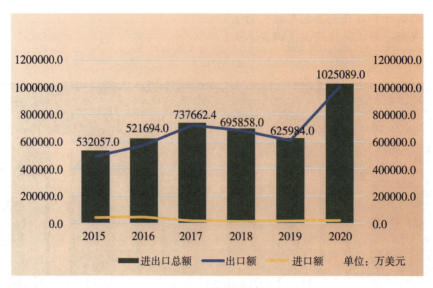

文化产品进出口情况

表 3.15　　　　　　　按商品类别分文化产品进出口情况（2020年）

项目	进出口总额（万美元）	出口额	进口额	增长（%）		
				进出口	出口	进口
合计	1025089.1	1004833.0	20256.1	63.8	65.2	15.2
出版物	8863.0	6369.7	2493.4	87.6	103.4	56.5
图书、报纸、期刊	2632.9	2602.6	30.3	130.4	144.4	−61.2
音像制品及电子出版物	2393.0	113.7	2279.3	67.9	19.0	71.4
其他出版物	3837.1	3653.4	183.8	77.9	85.3	−0.7
工艺美术品及收藏品	197736.9	194765.2	2971.7	57.9	56.7	200.7
工艺美术品	197180.3	194765.2	2415.1	57.5	56.7	152.4
收藏品	556.6	0.0	556.6	1609.1		1665.6
文化用品	781209.0	769505.1	11703.9	62.9	64.2	6.9
文具	1325.3	1323.2	2.1	25.6	25.8	−45.3
乐器	12801.7	11199.6	1602.1	41.1	44.1	23.2
玩具	200296.1	199414.8	881.3	109.8	109.5	202.2
游艺器材及娱乐用品	566785.9	557567.5	9218.4	51.6	52.9	−1.4
文化专用设备	37280.1	34193.0	3087.1	126.9	176.3	−23.9
印刷专用设备	15170.3	13665.2	1505.1	71.9	118.3	−41.4
广播电视电影专用设备	22109.8	20527.8	1582.0	190.7	235.5	6.3

数据来源：海关总署。

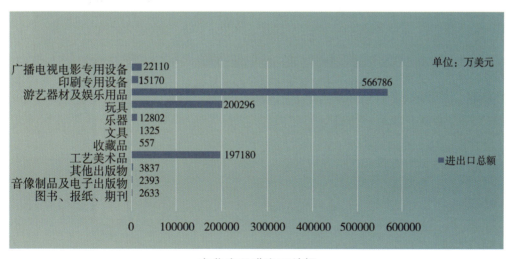

文化产品进出口总额

表3.16　　　　按贸易方式分文化产品进出口情况（2020年）

项目	进出口总额		出口额		进口额	
	金额（万美元）	增长（%）	金额（万美元）	增长	金额（万美元）	增长（%）
贸易总额	**1025089.1**	**63.8**	**1004833.0**	**65.2**	**20256.1**	**15.2**
一般贸易	476259.2	97.1	469935.4	98.2	6323.8	38.8
加工贸易	519995.2	45.1	509553.6	43.8	10441.6	157.1
其他贸易	28834.7	11.1	25344.0	49.2	3490.7	−61.1

数据来源：海关总署。

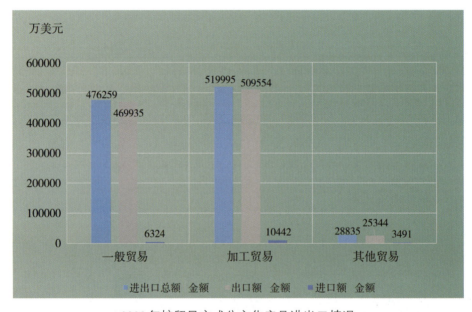

2020年按贸易方式分文化产品进出口情况

表 3.17 　　　　　按企业性质分文化产品进出口情况（2020 年）

项目	进出口总额		出口额		进口额	
	金额（万美元）	增长（％）	金额（万美元）	增长	金额（万美元）	增长（％）
贸易总额	1025089.1	63.8	1004833.0	65.2	20256.1	15.2
国有企业	5046.0	−32.6	4424.0	−22.9	622.0	−64.4
外资企业	535639.5	45.2	521046.9	45.7	14592.6	28.0
集体、私营及其他企业	484402.5	94.1	479361.4	95.6	5041.1	13.8

数据来源：海关总署。

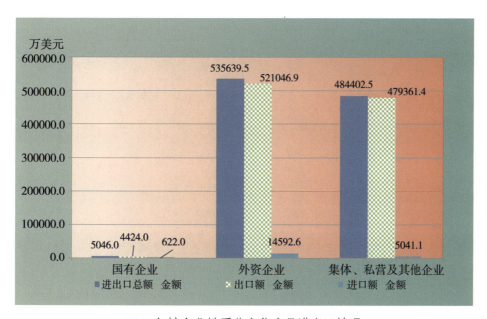

2020 年按企业性质分文化产品进出口情况

表3.18 　　　　　　　　　　文化产品前十五位出口市场

单位：万美元

位次	2015年		2016年		2017年		2018年		2019年		2020年	
	国别（地区）	金额	国别（地区）	金额	国别（地区）	金额	国别（地区）	金额	国别（地区）	金额	国别（地区）	金额
1	美国	164779	美国	167294	美国	292825	美国	311757	美国	196105	美国	344715
2	荷兰	67619	荷兰	105043	日本	115066	日本	77095	荷兰	78024	欧盟	229862
3	日本	52214	日本	63345	荷兰	107066	荷兰	75313	日本	68568	英国	71780
4	香港	40684	香港	60407	英国	32090	英国	33957	韩国	36817	日本	69930
5	英国	24666	英国	35064	韩国	28816	韩国	31212	英国	27585	韩国	57772
6	德国	24322	韩国	19531	香港	19634	香港	17954	波兰	26051	东盟	57487
7	韩国	13849	加拿大	15041	德国	13877	波兰	15143	西班牙	24668	中东	30561
8	加拿大	11770	澳大利亚	14184	波兰	12871	德国	12910	德国	13854	加拿大	29920
9	意大利	9670	德国	12510	加拿大	11531	西班牙	12193	加拿大	10406	香港	25921
10	澳大利亚	9383	阿联酋	9111	阿联酋	11135	加拿大	11231	意大利	8993	澳大利亚	20833
11	法国	5056	意大利	8977	澳大利亚	10571	意大利	10366	香港	8329	南亚	9677
12	阿联酋	4967	西班牙	7820	西班牙	10359	台澎金马关税区	8637	澳大利亚	6901	巴西	9326
13	西班牙	3802	波兰	7220	意大利	9345	阿联酋	7248	墨西哥	6630	台澎金马关税区	8177
14	波兰	3649	台澎金马关税区	4181	台澎金马关税区	4247	澳大利亚	6506	斯洛伐克	6136	墨西哥	8005
15	新加坡	2732	法国	3876	法国	3909	法国	4065	阿联酋	5584	俄罗斯联邦	6754

数据来源：海关总署。

表3.19　　　　　　　　　　　　文化产品前十五位进口市场

单位：万美元

位次	2015年		2016年		2017年		2018年		2019年		2020年	
	国别（地区）	金额	国别（地区）	金额	国别（地区）	金额	（地区）	金额	国别（地区）	金额	国别（地区）	金额
1	菲律宾	6450	菲律宾	2985	越南	3117	日本	2672	日本	2534	日本	7954
2	韩国	5744	日本	1846	日本	2841	越南	1864	美国	1859	东盟	3147
3	德国	1854	意大利	1735	菲律宾	1720	韩国	1398	越南	1131	欧盟	2436
4	日本	1699	韩国	1490	韩国	1236	美国	948	韩国	1117	中国	2307
5	美国	898	越南	1309	台澎金马关税区	958	德国	817	德国	840	香港	1516
6	越南	694	香港	1050	美国	919	台澎金马关税区	440	台澎金马关税区	439	韩国	955
7	台澎金马关税区	473	德国	869	德国	895	奥地利	328	泰国	349	美国	951
8	意大利	470	台澎金马关税区	713	意大利	633	加拿大	231	加拿大	164	台澎金马关税区	451
9	英国	161	美国	660	奥地利	308	英国	152	意大利	133	加拿大	159
10	奥地利	119	奥地利	482	英国	159	菲律宾	145	英国	109	瑞士	112
11	丹麦	78	英国	193	新加坡	115	泰国	123	奥地利	108	英国	66
12	新加坡	76	新加坡	181	印度尼西亚	113	香港	119	法国	73	南亚	47
13	香港	44	瑞士	123	荷兰	82	印度尼西亚	87	印度尼西亚	68	中东	41
14	南非	39	印度尼西亚	56	巴西	80	印度	86	新加坡	68	哥伦比亚	29
15	尼泊尔	35	挪威	48	印度	74	阿联酋	82	荷兰	53	乌兹别克斯坦	22

数据来源：海关总署。

表3.20 　　　　　　　全省公共财政文化体育与传媒支出

单位：亿元

项目	2015年	2016年	2017年	2018年
文化体育与传媒支出	**137.3**	**137.5**	**141.9**	**153.5**
文化	52.5	51.7	54.1	54.1
文物	16.9	13.7	15.4	14.9
体育	18.3	22.2	23.1	24.1
广播影视	28.9	31.6	29.5	35.5
新闻出版	2.1			
其他	18.6	18.3	19.8	25.0

备注：2016年开始，广播影视和新闻出版合并统计。（数据来源：山东省财政厅）

	文化旅游体育与传媒支出	文化和旅游	文物	体育	新闻出版电影	广播电视	其他
2019年	189.5	79.2	14.0	20.3	3.8	32.5	39.9
2020年	170.1	72.1	13.7	25.6	2.4	34.2	22.0

备注：2019年统计口径调整，原"文化体育与传媒支出"改为"文化旅游体育与传媒支出"。（数据来源：山东省财政厅）

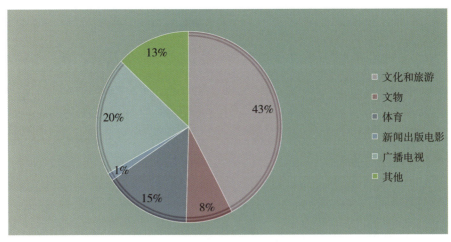

2020年公共财政文化体育与传媒支出

表 3.21 文化及相关产业专利授权情况

单位：件

年份	合计	发明专利	实用新型专利	外观设计专利
2015	6958	1047	4571	1340
2016	7190	1405	4505	1280
2017	7999	1657	4909	1433
2018	10332	1783	6674	1875
2019	11349	2166	6813	2370
2020	16493	2800	10975	2718

注：此表数据为山东省知识产权事业发展中心根据国家文化及相关产业分类提取不同行业关键词而专门设定的本省检索方案归集统计的，因与国家相关数据归集方法不同，故有关数据之间不可比。

文化及相关产业专利授权情况

表 3.22 　　　　　　　分地区文化及相关产业专利授权情况（2020年）

单位：件

地区	合计	发明专利	实用新型专利	外观设计专利
全省	16493	2800	10975	2718
济南市	2877	604	1948	325
青岛市	4783	1145	2994	644
淄博市	538	71	380	87
枣庄市	361	15	319	27
东营市	279	31	233	15
烟台市	914	157	603	154
潍坊市	2171	368	1170	633
济宁市	960	58	795	107
泰安市	374	34	256	84
威海市	484	69	373	42
日照市	293	54	194	45
临沂市	852	56	499	297
德州市	364	22	297	45
聊城市	317	61	211	45
滨州市	512	42	416	54
菏泽市	414	13	287	114

　　注：此表数据为山东省知识产权事业发展中心根据国家文化及相关产业分类提取不同行业关键词而专门设定的本省检索方案归集统计的，因与国家相关数据归集方法不同，故有关数据之间不可比。

　　数据来源：山东省知识产权事业发展中心。

表 3.23　　　　　　按类别分文化及相关产业专利授权情况（2020 年）

单位：件

	合计	发明专利	实用新型专利	外观设计专利
新闻信息服务	1115	745	347	23
内容创作生产	2996	513	1534	949
创意设计服务	2214	291	1756	167
文化传播渠道	688	360	322	6
文化投资运营	3	2	1	0
文化娱乐休闲服务	637	266	363	8
文化辅助生产和中介服务	1643	192	1171	280
文化装备生产	4183	785	3092	306
文化消费终端生产	7197	1469	4655	1073

　　注：此表数据为山东省知识产权事业发展中心根据国家文化及相关产业分类提取不同行业关键词而专门设定的本省检索方案归集统计的，因与国家相关数据归集方法不同，故有关数据之间不可比。

　　数据来源：山东省知识产权事业发展中心。

四、主要文化行业发展情况

ZHUYAO WENHUA HANGYE

FAZHAN QINGKUANG

表 4.1　　　　　　　　　　　　出版物基本情况

项目		2015年	2016年	2017年	2018年	2019年	2020年
图书	种数（万种）	1.5	1.6	1.7	1.8	1.6	1.5
	总印数（亿册、亿张）	5.3	5.3	5.6	6.0	5.5	5.3
期刊	种数（种）	261	262	264	264	265	265
	总印数（亿册）	1.1	1.0	1.0	0.8	0.8	0.7
报纸	种数（种）	136	136	136	132	132	126
	总印数（亿份）	29.2	26.2	23.4	21.9	18.5	15.5
音像制品	种数（种）	373	340	173	161	245	178
	出版数量（万盒、万张）	430.0	119.7	49.7	36.7	166.5	37.6
电子出版物	种数（种）	246	543	345	281	364	419
	出版数量（万张）	233.3	242.0	357.6	155.4	85.4	90.1

数据来源：山东省新闻出版局。

表4.2 广播电视发展情况

项目	2015年	2016年	2017年	2018年	2019年	2020年
广播						
广播节目综合人口覆盖率（％）	98.8	99.0	99.1	99.1	99.1	99.4
广播节目套数（套）	162	161	162	181	172	171
广播节目制作时间（万小时）	53.4	56.0	56.0	55.9	59.1	59.7
公共广播节目播出时间（万小时）	93.9	95.7	94.5	96.9	102.4	103.0
电视						
电视节目综合人口覆盖率（％）	98.6	98.6	98.9	99.1	99.1	99.6
有线广播电视用户数（万户）	1806.8	1848.1	1765.7	1684.2	1579.2	1570.6
电视节目套数（套）	224	224	251	259	259	259
电视节目制作时间（万小时）	22.2	23.3	25.8	24.4	24.0	20.8
公共电视节目播出时间（万小时）	115.5	115.5	133.8	141.8	142.4	144.8
广播电视发射台站						
中、短波转播发射台（座）	30	30	31	30	30	29
调频电视转播发射台（万座）	206	206	204	201	198	192
微波实有站（座）	28	28	27	32	34	34

数据来源：山东省广播电视局。

表4.3 有线广播电视用户情况

年份	有线广播电视用户数（万户）	#农村	有线广播电视用户数占全省总户数的比例
2015	1806.8	837.4	58.5%
2016	1848.1	770.7	61.5%
2017	1765.7	685.6	55.9%
2018	1684.2	748.8	53.0%
2019	1579.2	691.5	49.2%
2020	1570.6	774.4	47.9%

数据来源：山东省广播电视局。

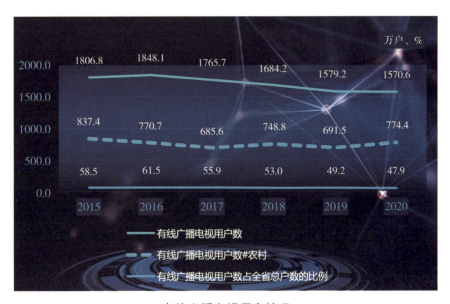

有线广播电视用户情况

表4.4 电视剧制作和播出情况

年份	电视剧制作		电视剧播出	
	（部）	（集）	（万部）	（万集）
2015	17	508	1.4	46.1
2016	8	273	1.3	44.8
2017	11	296	1.4	47.9
2018	12	446	1.4	52.0
2019	7	271	1.5	52.9
2020	6	217	1.4	54.5

数据来源：山东省广播电视局。

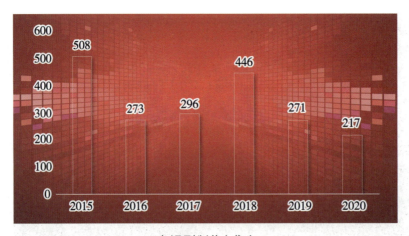

电视剧制作（集）

表4.5　　　　　　　　　　网络视听发展情况（2020年）

一、互联网视频						
	累计用户数（万人）	年度独立访客（UV）（万人）	其中：境内	山东	平均月度活跃用户数（MAU）（万人）	互联网视频节目年度新增量（小时）	互联网视频节目存量（小时）
2020年	10980.17	5423.08	5390.64	5209.05	732.77	9441.31	45567.06

二、互联网音频						
	累计用户数（万人）	年度独立访客（UV）（万人）	其中：境内	山东	平均月度活跃用户数（MAU）（万人）	互联网音频节目年度新增量（小时）	互联网音频节目存量（小时）
2020年	6541.57	863.70	844.51	723.56	419.32	919.00	1829260.00

三、短视频						
	累计用户数（万人）	年度独立访客（UV）（万人）	其中：境内	山东	平均月度活跃用户数（MAU）（万人）	短视频年度新增量（小时）	短视频年度新增量（条）
2020年	7033.94	3581.45	3571.00	3456.26	400.03	3439.05	42887.00

数据来源：山东省广播电视局。

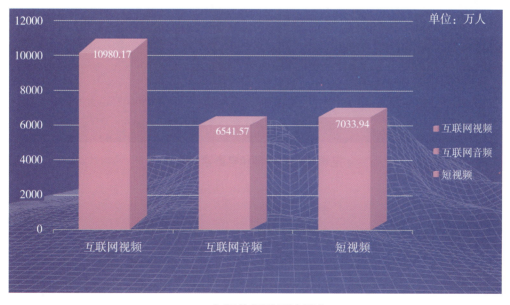

2020年网络视听累计用户

表4.6 电影综合发展情况

年份	电影制片单位（个）	生产影片（部）	城市电影院线（条）	城市影院（家）	银幕数量（块）	票房收入（亿元）
2015	17	25	26	360	1945	17.1
2016	12	19	28	421	2305	18.8
2017	33	51	29	477	2712	22.9
2018	33	42	31	524	3159	26.0
2019	38	57	34	575	3592	28.8
2020	38	46	35	616	3913	10.0

注：2015—2018年制片单位、生产影片数据按现行口径进行了修正。
数据来源：山东省电影局。

电影院线内银幕和电影票房收入

表4.7   **公益电影放映基本情况**

	单位	2015	2016	2017	2018	2019	2020
农村公益电影	万场	84	82	83	80	78	73
福利机构公益电影	万场	4.02	3.55	3.53	3.5	3.5	2.5
流动放映队伍数量	个	3265	3502	3717	3838	4191	4176

注：我省福利机构公益电影放映于2015年开始实施。
数据来源：山东省电影局。

表4.8 文化部门艺术表演团体基本情况

年份	机构数（个）	从业人员（人）	演出场次（万场次）	国内演出观众人次（万人次）	收入合计（万元）	#演出收入	支出合计（万元）	实际使用房屋建筑面积（万平方米）
2015	104	5368	2.5	2303.5	74361.0	6665.2	74631.0	24.1
2016	103	5651	2.7	2442.8	80876.9	7559.8	79597.8	24.1
2017	103	5557	2.6	2206.9	89290.2	7671.0	88640.6	23.0
2018	103	5370	2.6	2113.3	93002.2	9297.8	92466.7	23.2
2019	102	5302	2.5	2036.0	103186.4	12971.6	107516.0	23.4
2020	101	5227	2.1	1526.3	93590.1	8169.9	96507.9	23.2

数据来源：山东省文化和旅游厅。

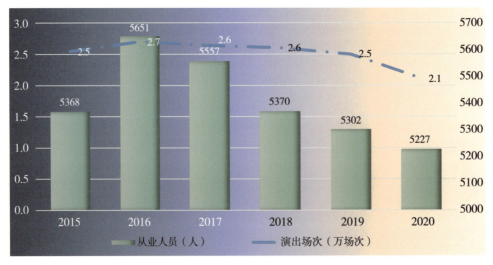

文化部门艺术表演团体基本情况

表4.9 艺术表演场馆基本情况

年份	机构数（个）	从业人员（人）	座席数（个）	演（映）出场次（万场次）	#艺术演出场次	观众人次（万人次）	#艺术演出观众人次	收入合计（万元）	#艺术演出收入
2015	92	1632	70281	1.5	0.2	318.6	158.6	16091.0	3339.0
2016	93	1602	70592	1.1	0.3	371.7	183.2	15557.2	3029.4
2017	100	1821	73302	1.3	0.4	416.8	219.3	21602.8	4148.5
2018	106	1902	73283	1.4	0.4	585.5	193.2	27480.6	6791.3
2019	145	4340	102552	3.3	2.2	537.5	305.9	98695.1	43919.4
2020	154	3492	95871	1.9	1.1	562.2	188.0	61362.5	16734.6

数据来源：山东省文化和旅游厅。

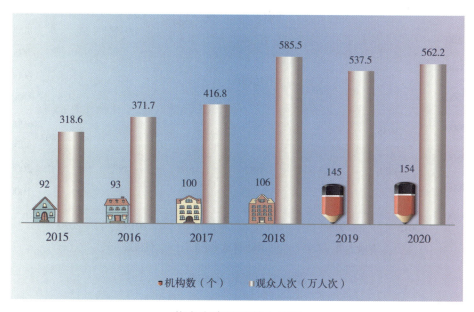

艺术表演场馆基本情况

表4.10　　　　　　　　　　群众文化机构基本情况

年份	机构数（个）	从业人员（人）	举办展览（个）	组织文艺活动（次）	举办训练班（次）	收入合计（万元）	#财政补贴收入	支出合计（万元）	实际使用房屋建筑面积（万平方米）
2015	1971	8568	9935	73897	29447	92520.8	86920.5	91746.1	251.9
2016	1973	8268	10636	83562	32596	90874.1	85879.9	89222.7	261.8
2017	1972	8312	10770	96278	40633	100367.6	96025.9	99001.5	266.1
2018	1976	8279	11749	110089	57341	104702.0	101933.7	101973.2	270.4
2019	1972	8445	11654	121579	64975	108491.0	105305.2	115248.5	279.8
2020	1979	8515	9803	117743	47471	107932.6	105075.4	109262.6	289.7

数据来源：山东省文化和旅游厅。

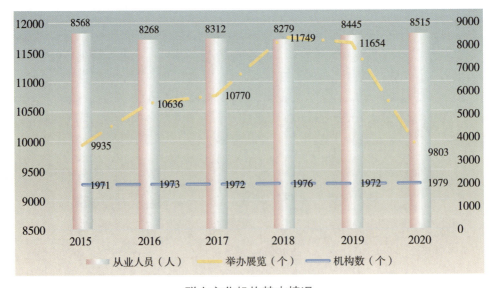

群众文化机构基本情况

表4.11 公共图书馆基本情况

年份	机构数（个）	从业人员（人）	总藏量（万册件）	总流通人次（万人次）	书刊、文献外借册次（万册次）	发放借书证数（万个）	收入合计（万元）	#财政补贴收入	支出合计（万元）	实际使用公用房屋建筑面积（万平方米）
2015	154	2750	4727.4	2729.0	2331.3	188.9	56689.2	54919.1	56508.9	82.6
2016	154	2828	5065.1	3643.6	2809.9	359.2	60015.5	58850.1	60982.5	106.0
2017	154	2877	5539.3	3972.2	3031.3	321.6	68157.7	66481.7	69331.3	110.7
2018	154	2843	6212.9	4577.9	3328.7	364.4	69405.1	68445.3	66638.2	117.0
2019	154	2816	6615.6	5244.9	3623.4	599.7	75269.9	74023.8	78346.2	107.9
2020	154	2904	6975.5	3574.5	2412.3	702.6	76629.8	75597.0	77636.2	114.8

数据来源：山东省文化和旅游厅。

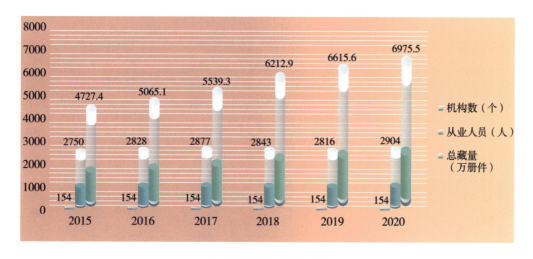

公共图书馆基本情况

表4.12　　　　　　　　文物保护管理机构基本情况

年份	机构数（个）	从业人员（人）	文物藏品数（件/套）	基本陈列、展览（个）	参观人次（万人次）	收入合计（万元）	#财政补助收入	支出合计（万元）
2015	113	3196	233039	45	1434	59045	35318	57163
2016	112	3159	820513	46	1499	86131	59140	81306
2017	110	2615	817242	45	1324	61803	56339	61342
2018	110	2529	807222	69	1420	59164	56322	49428
2019	98	2271	146246	33	1489	55258	52719	53302
2020	91	2611	139917	36	679	48261	45463	76342

数据来源：山东省文化和旅游厅。

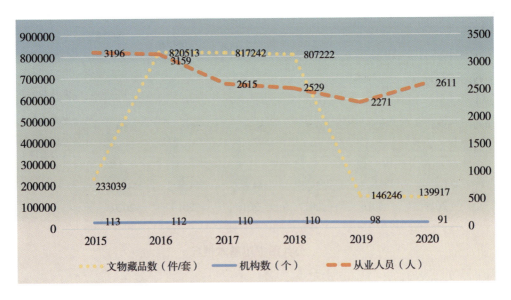

文物保护管理机构基本情况

表4.13 博物馆基本情况

年份	机构数（个）	从业人员（人）	文物藏品数（件/套）	基本陈列、展览（个）	参观人次（万人次）	实际使用房屋建筑面积（万平方米）	收入合计（万元）	#财政补助收入	支出合计（万元）
2015	312	6310	1619903	2172	5130	175	150333	104446	125649
2016	393	7152	1731370	2474	5836	232	128396	77427	135274
2017	485	7976	3657077	2707	6764	255	308610	218266	324413
2018	517	8059	3569646	2725	7233	263	162007	102843	147487
2019	541	8319	4380555	2958	7658	284	163157	101811	164229
2020	577	8871	4607278	3072	3525	304	161232	106624	186568

数据来源：山东省文化和旅游厅。

博物馆基本情况

表4.14 文化类社会组织情况

单位：个

年份	机构数	社会团体	民办非企业	基金会
2015	4554	2099	2445	10
2016	5185	2433	2738	14
2017	5743	2474	3255	14
2018	6226	2457	3761	8
2019	6634	2585	4041	8
2020	6375	2392	3972	11

数据来源：山东省民政厅。

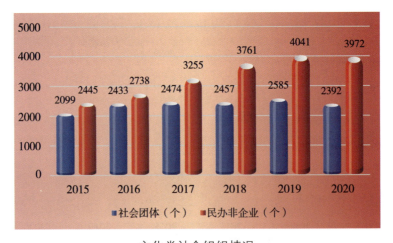

文化类社会组织情况

表4.15　　　　　　　　　娱乐场所基本情况

年份	机构数（个）	从业人员（人）	资产总计（亿元）	营业收入（亿元）	营业利润（亿元）
2015	2661	29280	35.1	15.3	5.0
2016	2130	17352	25.2	11.4	3.3
2017	2033	16922	15.4	9.0	2.8
2018	2094	12844	16.6	8.6	2.8
2019	3502	14179	46.9	13.4	1.7
2020	3172	12896	22.3	9.9	0.7

数据来源：山东省文化和旅游厅。

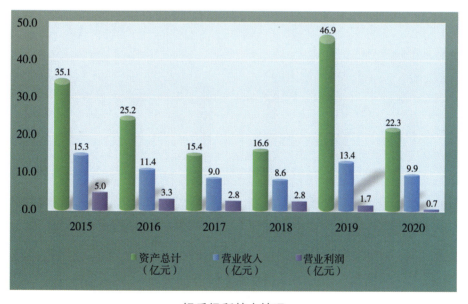

娱乐场所基本情况

表4.16　　　　　　　　　　互联网上网服务营业场所（网吧）

年份	机构数（个）	从业人员（人）	资产总计（亿元）	营业收入（亿元）	营业利润（亿元）
2015	10015	28395	32.2	18.6	7.3
2016	8422	21521	27.0	15.3	6.1
2017	7496	18964	24.7	13.7	5.4
2018	6827	15326	21.8	11.5	4.4
2019	11134	15120	21.6	10.3	2.1
2020	9461	11725	17.5	8.3	−0.4

数据来源：山东省文化和旅游厅。

互联网上网服务营业场所（网吧）

表4.17　　　　　　　　　　　互联网建设情况

年份	网站数（万个）	固定互联网宽带接入用户（万户）	移动互联网用户（万户）	互联网宽带接入端口（万个）
2015	22.8	1603.2	6109.6	3028.8
2016	27.3	2366.5	7391.2	4680.0
2017	34.8	2588.7	8508.0	5596.9
2018	33.8	2884.8	9552.3	6460.5
2019	30.1	3186.1	8855.3	6915.2
2020	30.2	3445.6	8761.3	6756.8

　　注：上网人数取自cnnic发布的《中国互联网络发展状况统计报告》中的"网民数"。

　　数据来源：山东省通信管理局。

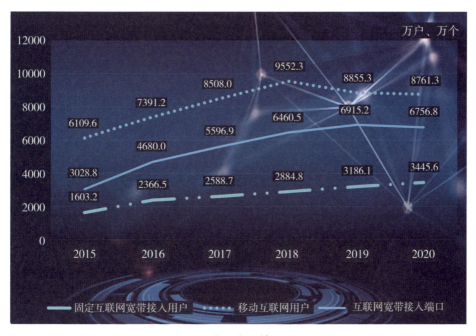

互联网建设情况

表4.18 　　　　　　　　　　　　旅游接待基本情况

项目	单位	2015年	2016年	2017年	2018年	2019年	2020年
入境游客人次	万人次	461.0	485.5	494.4	513.1	521.3	52.8
入境旅游收入	亿美元	29.0	30.6	31.7	33.6	34.1	2.1
国内游客人次	亿人次	6.5	7.1	7.8	8.6	9.3	5.8
国内旅游收入	亿元	6505.1	7399.1	8491.5	9661.5	10851.3	6005.3
游客总人次	亿人次	6.5	7.1	7.8	8.6	9.4	5.8
旅游总收入	亿元	6685.8	7605.3	8705.2	9892.4	11087.3	6019.7
居民年人均出游次数	次	3.1	3.4	3.8	4.2	4.5	2.6

　　数据来源：山东省文化和旅游厅。

旅游接待基本情况

附 录

FULU

附录一

主要指标解释

国内（地区）生产总值（GDP）　指按市场价格计算的一个国家（或地区）所有常住单位在一定时期内生产活动的最终成果。从价值形态看，它是所有常住单位的增加值之和。

三次产业　第一产业指农、林、牧、渔业；第二产业指采矿业，制造业，电力、煤气及水的生产和供应业，建筑业；第三产业指除第一、二产业以外的其他行业。

就业人员　指16周岁及以上，从事一定社会劳动并取得劳动报酬或经营收入的人员。

全社会固定资产投资　是以货币形式表现的在一定时期内全社会建造和购置固定资产的工作量以及与此有关的费用的总称。

居民可支配收入　指居民可用于最终消费支出和储蓄的总和，即居民可用于自由支配的收入。既包括现金收入，也包括实物收入主。按照收入的来源，可支配收入包括四项，分别为：工资性收入、经营性净收入、转移性净收入和财产性净收入。

居民消费支出　指居民用于满足家庭日常生活消费需要的全部支出，既包括现金消费支出，也包括实物消费支出。消费支出可划分为食品烟酒、衣着、居住、生活用品及服务、交通和通信、教育文化和娱乐、医疗保健以及其他用品及服务八大类。

进出口总额　指实际进出我国国境的货物总金额。出口货物按离岸价格统计，进口货物按到岸价格统计。

居民消费价格指数　是反映一定时期内城乡居民所购买的生活消费品和服

务项目的价格变动趋势和程度的相对数，是对城市居民消费价格指数和农村居民消费价格指数进行综合汇总计算的结果。

恩格尔系数　指居民家庭食品支出占消费支出的比例。

文化及相关产业　指为社会公众提供文化产品和文化相关产品的生产活动的集合。《文化及相关产业分类（2018）》规定文化及相关产业包括新闻信息服务、内容创作生产、创意设计服务、文化传播渠道、文化投资运营、文化娱乐休闲服务、文化辅助生产和中介服务、文化装备生产、文化消费终端生产9个大类。

文化及相关产业增加值　指按照国内生产总值的计算方法，《文化及相关产业分类（2018）》规定的行业范围内全部生产活动创造的增加值之和。

法人单位　指有权拥有资产、承担负债，并独立从事社会经济活动（或与其他单位进行交易）的组织。法人单位应同时具备以下条件：（1）依法成立，有自己的名称、组织机构和场所，能够独立承担民事责任；（2）独立拥有（或授权使用）资产或者经费，承担负债，有权与其他单位签订合同；（3）具有包括资产负债表在内的账户，或者能够根据需要编制账户。法人单位包括五种类型：企业法人、事业单位法人、机关法人、社会团体和其他成员组织法人、其他法人。

规模以上文化制造业法人单位　指《文化及相关产业分类（2018）》所规定行业范围内，年主营业务收入在2000万元及以上的工业法人单位。

限额以上文化批发和零售业法人单位　指《文化及相关产业分类（2018）》所规定行业范围内，年主营业务收入在2000万元及以上的批发业法人单位和年主营业务收入在500万元及以上的零售业法人单位。

规模以上文化服务业法人单位　指《文化及相关产业分类（2012）》所规定行业范围内，年末从业人数在50人及以上或年营业收入在1000万元及以上的服务业企业，但文化和娱乐服务业年营业收入在500万元及以上。

文化及相关产业固定资产投资　指《文化及相关产业分类（2018）》规定的146个行业小类范围内的城镇、非农户500万元及以上项目固定资产投资，不含房地产开发投资。

作品自愿登记　指作者、其他享有著作权的公民、法人或者非法人单位和专有权所有人及其代理人，自愿到著作权行政管理部门登记应予以保护作品的行为。

广播（电视）节目综合人口覆盖率　指根据国家广电总局制定的《广播电视人口覆盖率统计技术标准和方法》进行统计调查的，在对象区内能接收到由中央、省、地市或县通过无线、有线或卫星等各种技术方式转播的各级广播（电视）节目的人口数占全国或地区总人口数的百分比。

有线广播电视用户数　指通过广播电视有线传输网收看电视节目的家庭用户数，包括接收模拟信号和接收数字信号的有线电视用户数。不包括宾馆、单位、写字楼等集体用户。

电影院线　院线是指一个发行主体和若干家以资产或签约形式组合的联合体，实行统一品牌，统一排片，统一经营，统一管理。电影院线指以影院为依托，以资本和供片为纽带，由一个电影发行主体和若干电影院组合形成的一种电影发行放映经营机制。

艺术表演场馆　指由文化部门主办或实行行业管理（经文化市场行政部门审批或已申报登记并领取相关许可证），有观众席、舞台、灯光设备，公开售票，专供文艺团体演出的文化活动场所。

艺术表演团体　指由文化部门主办或实行行业管理（经文化市场行政部门审批或已申报登记并领取相关许可证），专门从事表演艺术等活动的各类专业艺术表演团体，含民间职业剧团。不包括群众业余文艺表演团体。

文化馆（站）　指专门从事群众文化活动的群众文化场馆（包括综合性文化中心和群众艺术馆）。不包括临时抽调人员组成、没有编制的农村和街道文化工作队、服务站等。

公共图书馆　指文化部门主办的面向社会服务的图书馆。

博物馆　包括综合类、历史类、艺术类、自然类、科学类的博物馆和展览馆，其他类博物馆，革命纪念馆，历史名人纪念馆。不包括工业品展览、专业技术展览、各种技术和商业博览会、科普展览。

娱乐场所　指文化行政部门依据相关规定管理并发放《娱乐场所经营许可证》的，以营利为目的，并向公众开放、消费者自娱自乐的歌舞、游艺场所及其他娱乐场所。

网吧场所　指文化行政部门依据相关规定管理并发放《网络文化经营许可

证》的，通过计算机等设备向公众提供互联网上网服务的营业性娱乐文化服务场所。

互联网宽带接入端口　指用于接入互联网用户的各类实际安装运行的接入端口，包括xDSL用户接入端口、LAN接入端口、其他类型接入端口等，不包括窄带拨号接入端口。

互联网上网人数　指报告期内使用过互联网的6周岁及以上中国居民人数。

国际旅游收入　指入境游客在中国（大陆）境内旅行、游览过程中用于交通、参观游览、住宿、餐饮、购物、娱乐等全部花费。

国内旅游收入　又称为国内旅游总消费。指国内游客在中国（大陆）旅行、游览过程中用于交通、参观游览、住宿、餐饮、购物、娱乐等全部花费。

国内游客　是指在报告期内在中国（大陆）观光游览、度假、探亲访友、就医疗养、购物、参加会议或从事经济、文化、体育、宗教活动的中国（大陆）居民人数，其出游的目的不是通过所从事的活动谋取报酬。

入境游客　指报告期内来中国（大陆）观光、度假、探亲访友、就医疗养、购物、参加会议或从事经济、文化、体育、宗教活动的外国人、港澳台同胞等入境游客。

附录二

文化及相关产业分类（2018）

一、分类目的和作用

（一）为深化文化体制改革和持续推进社会主义文化强国建设提供统计保障，建立科学可行的文化及相关产业统计制度，制定本分类。

（二）本分类为反映我国文化及相关产业生产活动提供标准分类依据，为文化及相关产业统计提供统一的定义和范围，为发展文化产业、推进社会主义文化繁荣兴盛提供统计服务。

二、分类定义和范围

（一）定义

本分类规定的文化及相关产业是指为社会公众提供文化产品和文化相关产品的生产活动的集合。

（二）范围

1.以文化为核心内容，为直接满足人们的精神需要而进行的创作、制造、传播、展示等文化产品（包括货物和服务）的生产活动。具体包括新闻信息服务、内容创作生产、创意设计服务、文化传播渠道、文化投资运营和文化娱乐休闲服务等活动。

2.为实现文化产品的生产活动所需的文化辅助生产和中介服务、文化装备生产和文化消费终端生产（包括制造和销售）等活动。

三、编制原则

（一）以《国民经济行业分类》为基础

本分类以《国民经济行业分类》（GB/T 4754—2017）为基础，根据文化生产活动的特点，将行业分类中相关的类别重新组合，是《国民经济行业分类》的派生分类。

（二）兼顾文化管理需要和可操作性

根据我国文化体制改革和发展的实际，本分类在考虑文化生产活动特点的同时，兼顾文化主管部门管理的需要；同时立足于现行统计制度和方法，充分考虑分类的可操作性。

（三）与国际分类标准相衔接

本分类借鉴了联合国教科文组织的《文化统计框架——2009》的分类方法，在定义和覆盖范围上与其衔接。

四、结构和编码

本分类采用线分类法和分层次编码方法，将文化及相关产业划分为三层，分别用阿拉伯数字编码表示。第一层为大类，用01—09数字表示，共有9个大类；第二层为中类，用3位数字表示，共有43个中类；第三层为小类，用4位数字表示，共有146个小类。

本分类代码结构：

五、有关说明

（一）本分类建立了与《国民经济行业分类》（GB/T 4754—2017）的对应关系。在本分类中，如国民经济某行业小类仅部分活动属于文化及相关产业，则在行业代码后加"*"做标识，并对属于文化生产活动的内容进行说明；如国民经济某行业小类全部纳入文化及相关产业，则小类类别名称与行业类别名称完全一致。

（二）本分类全部小类对应或包含在《国民经济行业分类》（GB/T 4754—2017）相应的行业小类中，具体范围和说明可参见《2017国民经济行业分类注释》。

（三）本分类01—06大类为文化核心领域，07—09大类为文化相关领域。

六、文化及相关产业分类表

表1 文化及相关产业分类表

代码			类别名称	说明	行业分类代码
大类	中类	小类			
01			文化核心领域	本领域包括01—06大类。	
			新闻信息服务		
	011		新闻服务		
		0110	新闻业	包括新闻采访、编辑、发布和其他新闻服务。	8610
	012		报纸信息服务		
		0120	报纸出版	包括党报出版、综合新闻类报纸出版和其他报纸出版服务。	8622
	013		广播电视信息服务		
		0131	广播	指广播节目的现场制作、播放及其他相关活动，还包括互联网广播。	8710
		0132	电视	指有线和无线电视节目的现场制作、播放及其他相关活动，还包括互联网电视。	8720

代码			类别名称	说明	行业分类代码
大类	中类	小类			
		0133	广播电视集成播控	指IP电视、手机电视、互联网电视等专网及定向传播视听节目服务的集成播控，还包括普通广播电视节目集成播控。	8740
	014		互联网信息服务		
		0141	互联网搜索服务	指互联网中的特殊站点，专门用来帮助人们查找存储在其他站点上的信息。	6421
		0142	互联网其他信息服务	包括网上新闻、网上软件下载、网上音乐、网上视频、网上图片、网上动漫、网上文学、网上电子邮件、网上新媒体、网上信息发布、网站导航和其他互联网信息服务。	6429
02			内容创作生产		
	021		出版服务		
		0211	图书出版	包括书籍出版、课本类书籍出版和其他图书出版服务。	8621
		0212	期刊出版	包括综合类杂志出版，经济、哲学、社会科学类杂志出版，自然科学、技术类杂志出版，文化、教育类杂志出版，少儿读物类杂志出版和其他杂志出版服务。	8623
		0213	音像制品出版	包括录音制品出版和录像制品出版服务。	8624
		0214	电子出版物出版	包括马列毛泽东思想、哲学等分类别电子出版物，综合类电子出版物和其他电子出版物出版服务。	8625
		0215	数字出版	指利用数字技术进行内容编辑加工，并通过网络传播数字内容产品的出版服务。	8626
		0216	其他出版业	指其他出版服务。	8629
	022		广播影视节目制作		

续表

代码			类别名称	说明	行业分类代码
大类	中类	小类			
		0221	影视节目制作	指电影、电视和录像（含以磁带、光盘为载体）节目的制作活动，该节目可以作为电视、电影播出、放映，也可以作为出版、销售的原版录像带（或光盘），还可以在其他场合宣传播放，还包括影视节目的后期制作，但不包括电视台制作节目的活动。	8730
		0222	录音制作	指从事录音节目、音乐作品的制作活动，其节目或作品可以在广播电台播放，也可以制作成出版、销售的原版录音带（磁带或光盘），还可以在其他宣传场合播放，但不包括广播电台制作节目的活动。	8770
	023		创作表演服务		
		0231	文艺创作与表演	指文学、美术创造和表演艺术（如戏曲、歌舞、话剧、音乐、杂技、马戏、木偶等表演艺术）等活动。	8810
		0232	群众文体活动	指对各种主要由城乡群众参与的文艺类演出、比赛、展览等公益性文化活动的管理活动。	8870
		0233	其他文化艺术业	包括网络（手机）文化服务，史料、史志编辑服务，艺（美）术品、收藏品鉴定和评估服务，街头报刊橱窗管理服务和其他未列明文化艺术服务。	8890
	024		数字内容服务		
		0241	动漫、游戏数字内容服务	指将动漫和游戏中的图片、文字、视频、音频等信息内容运用数字化技术进行加工、处理、制作并整合应用的服务，使其通过互联网传播，在计算机、手机、电视等终端播放，在存储介质上保存。	6572
		0242	互联网游戏服务	指以互联网为传输媒介，以游戏运营商服务器和用户计算机为处理终端，以游戏客户端软件为信息交互窗口，旨在实现娱乐、休闲、交流和取得虚拟成就的具有可持续性的个体性多人在线游戏。包括互联网电子竞技服务。	6422

代码			类别名称	说明	行业分类代码
大类	中类	小类			
		0243	多媒体、游戏动漫和数字出版软件开发	仅指通用应用软件中的多媒体软件、游戏动漫软件、数字出版软件开发。该小类包含在应用软件开发行业小类中。	6513*
		0244	增值电信文化服务	仅指固定网增值电信、移动网增值电信、其他增值电信中的文化服务。该小类包含在其他电信服务行业小类中。	6319*
		0245	其他文化数字内容服务	仅指文化宣传领域数字内容服务。该小类包含在其他数字内容服务行业小类中。	6579*
	025		内容保存服务		
		0251	图书馆	包括公共图书馆、高等院校图书馆、专业图书馆和其他图书馆管理服务。	8831
		0252	档案馆	包括综合档案馆、专门档案馆、部门档案馆、企业档案馆、事业单位档案馆和其他档案馆管理服务。	8832
		0253	文物及非物质文化遗产保护	指对具有历史、文化、艺术、科学价值，并经有关部门鉴定，列入文物保护范围的不可移动文物的保护和管理活动；对我国口头传统和表现形式，传统表演艺术，社会实践、意识、节庆活动，有关的自然界和宇宙的知识和实践，传统手工艺等非物质文化遗产的保护和管理活动。	8840
		0254	博物馆	指收藏、研究、展示文物和标本的博物馆的活动，以及展示人类文化、艺术、科技、文明的美术馆、艺术馆、展览馆、科技馆、天文馆等管理活动。	8850
		0255	烈士陵园、纪念馆	包括烈士陵园和烈士纪念馆管理服务。	8860
	026		工艺美术品制造		
		0261	雕塑工艺品制造	指以玉石、宝石、象牙、角、骨、贝壳等硬质材料，木、竹、椰壳、树根、软木等天然植物，以及石膏、泥、面、塑料等为原料，经雕刻、琢、磨、捏或塑等艺术加工而制成的各种供欣赏和实用的工艺品的制作活动。	2431

代码			类别名称	说明	行业分类代码
大类	中类	小类			
		0262	金属工艺品制造	指以金、银、铜、铁、锡等各种金属为原料，经过制胎、浇铸、锻打、錾刻、搓丝、焊接、纺织、镶嵌、点兰、烧制、打磨、电镀等各种工艺加工制成的造型美观、花纹图案精致的工艺美术品的制作活动。	2432
		0263	漆器工艺品制造	指将半生漆、腰果漆加工调配成各种鲜艳的漆料，以木、纸、塑料、铜、布等作胎，采用推光、雕填、彩画、镶嵌、刻灰等传统工艺和现代漆器工艺进行的工艺制品的制作活动。	2433
		0264	花画工艺品制造	指以绢、丝、绒、纸、涤纶、塑料、羽毛、通草以及鲜花草等为原料，经造型设计、模压、剪贴、干燥等工艺精制而成的花、果、叶等人造花类工艺品，以画面出现、可以挂或摆的具有欣赏性、装饰性的画类工艺品的制作活动。	2434
		0265	天然植物纤维编织工艺品制造	指以竹、藤、棕、草、柳、葵、麻等天然植物纤维为材料，经编织或镶嵌而成具有造型艺术或图案花纹，以欣赏为主的工艺陈列品以及工艺实用品的制作活动。	2435
		0266	抽纱刺绣工艺品制造	指以棉、麻、丝、毛及人造纤维纺织品等为主要原料，经设计、刺绣、抽、拉、钩等工艺加工各种生活装饰用品，以及以纺织品为主要原料，经特殊手工工艺或民间工艺方法加工成各种具有较强装饰效果的生活用纺织品的制作活动。	2436
		0267	地毯、挂毯制造	指以羊毛、丝、棉、麻及人造纤维等为原料，经手工编织、机织、栽绒等方式加工而成的各种具有装饰性的地面覆盖物或可用于悬挂、垫坐等用途的生活装饰用品的制作活动。	2437

代码			类别名称	说明	行业分类代码
大类	中类	小类			
		0268	珠宝首饰及有关物品制造	指以金、银、铂等贵金属及其合金以及钻石、宝石、玉石、翡翠、珍珠等为原料，经金属加工和连结组合、镶嵌等工艺加工制作各种图案的装饰品的制作活动。	2438
		0269	其他工艺美术及礼仪用品制造	指其他工艺美术品的制造活动。	2439
	027		艺术陶瓷制造		
		0271	陈设艺术陶瓷制造	指以粘土、瓷土、瓷石、长石、石英等为原料，经制胎、施釉、装饰、烧制等工艺制成，主要供欣赏、装饰的陶瓷工艺美术品制造。	3075
		0272	园艺陶瓷制造	指专门为园林、公园、室外景观的摆设或具有一定功能的大型陶瓷制造。	3076
03			创意设计服务		
	031		广告服务		
		0311	互联网广告服务	指提供互联网广告设计、制作、发布及其他互联网广告服务。包括网络电视、网络手机等各种互联网终端的广告的服务。	7251
		0312	其他广告服务	指除互联网广告以外的广告服务。	7259
	032		设计服务		
		0321	建筑设计服务	仅包括房屋建筑工程，体育、休闲娱乐工程，室内装饰和风景园林工程专项设计服务。该小类包含在工程设计活动行业小类中。	7484*
		0322	工业设计服务	指独立于生产企业的工业产品和生产工艺设计，不包括工业产品生产环境设计、产品传播设计、产品设计管理等活动。	7491
		0323	专业设计服务	包括时装、包装装潢、多媒体、动漫及衍生产品、饰物装饰、美术图案、展台、模型和其他专业设计服务。	7492

续表

代码			类别名称	说明	行业分类代码
大类	中类	小类			
04			文化传播渠道		
	041		出版物发行		
		0411	图书批发	包括书籍、课本和其他图书的批发和进出口。	5143
		0412	报刊批发	包括报纸、杂志的批发和进出口。	5144
		0413	音像制品、电子和数字出版物批发	包括音像制品及电子出版物的批发和进出口。	5145
		0414	图书、报刊零售	包括图书零售服务,报纸、杂志专门零售服务,图书、报刊固定摊点零售服务。	5243
		0415	音像制品、电子和数字出版物零售	包括音像制品专门零售店、电子出版物专门零售、音像制品及电子出版物固定摊点零售服务。	5244
		0416	图书出租	指各种图书出租服务,不包括图书馆的租书业务。	7124
		0417	音像制品出租	指各种音像制品出租服务,不包括以销售音像制品为主的出租音像活动。	7125
	042		广播电视节目传输		
		0421	有线广播电视传输服务	指有线广播电视网和信号的传输服务。	6321
		0422	无线广播电视传输服务	指无线广播电视信号的传输服务。	6322
		0423	广播电视卫星传输服务	包括卫星广播电视信号的传输、覆盖与接收服务,卫星广播电视传输、覆盖、接收系统的设计、安装、调试、测试、监测等服务。	6331
	043		广播影视发行放映		
		0431	电影和广播电视节目发行	包括电影发行和进出口交易、非电视台制作的电视节目发行和进出口服务。	8750
		0432	电影放映	指专业电影院以及设在娱乐场所独立(或相对独立)的电影放映等活动。	8760

续表

代码			类别名称	说明	行业分类代码
大类	中类	小类			
	044		艺术表演		
		0440	艺术表演场馆	指有观众席、舞台、灯光设备，专供文艺团体演出的场所管理活动。	8820
	045		互联网文化娱乐平台		
		0450	互联网文化娱乐平台	仅包括互联网演出购票平台、娱乐应用服务平台、音视频服务平台、读书平台、艺术品鉴定拍卖平台和文化艺术平台。该小类包含在互联网生活服务平台行业小类中。	6432*
	046		艺术品拍卖及代理		
		0461	艺术品、收藏品拍卖	指艺术品、收藏品拍卖活动。包括艺（美）术品拍卖服务、文物拍卖服务、古董和字画拍卖服务。	5183
		0462	艺术品代理	指艺术品代理活动。包括字画代理、古玩收藏品代理、画廊艺术经纪代理和其他艺术品代理。	5184
	047		工艺美术品销售		
		0471	首饰、工艺品及收藏品批发	指首饰、工艺品及收藏品的批发活动。	5146
		0472	珠宝首饰零售	指珠宝首饰的零售活动。	5245
		0473	工艺美术品及收藏品零售	指专门经营具有收藏价值和艺术价值的工艺品、艺术品、古玩、字画、邮品等的店铺零售活动。	5246
05			文化投资运营		
	051		投资与资产管理		
		0510	文化投资与资产管理	仅指政府主管部门转变职能后，成立的国有文化资产管理机构和文化行业管理机构的活动；文化投资活动，不包括资本市场的投资。该小类包含在投资与资产管理行业小类中。	7212*

代码			类别名称	说明	行业分类代码
大类	中类	小类			
	052		运营管理		
		0521	文化企业总部管理	仅指文化企业总部的活动，其对外经营业务由下属的独立核算单位或单独核算单位承担，还包括派出机构的活动（如办事处等）。该小类包含在企业总部管理行业小类中。	7211*
		0522	文化产业园区管理	仅指非政府部门的文化产业园区管理服务。该小类包含在园区管理服务行业小类中。	7221*
06			文化娱乐休闲服务		
	061		娱乐服务		
		0611	歌舞厅娱乐活动	指各种歌舞厅娱乐活动。	9011
		0612	电子游艺厅娱乐活动	指各种电子游艺厅娱乐服务。	9012
		0613	网吧活动	指通过计算机等装置向公众提供互联网上网服务的网吧、电脑休闲室等营业性场所的服务。	9013
		0614	其他室内娱乐活动	包括儿童室内游戏娱乐服务、室内手工制作娱乐服务和其他室内娱乐服务。	9019
		0615	游乐园	指配有大型娱乐设施的室外娱乐活动及以娱乐为主的活动。	9020
		0616	其他娱乐业	指公园、海滩和旅游景点内小型设施的娱乐活动及其他娱乐活动。	9090
	062		景区游览服务		
		0621	城市公园管理	指主要为人们提供休闲、观赏、游览以及开展科普活动的城市各类公园管理活动。	7850
		0622	名胜风景区管理	指对具有一定规模的自然景观、人文景观的管理和保护活动，以及对环境优美、具有观赏、文化和科学价值风景名胜区的保护与管理活动。	7861

续表

代码			类别名称	说明	行业分类代码
大类	中类	小类			
		0623	森林公园管理	指国家自然保护区、名胜景区以外的，以大面积人工林或天然林为主体而建设的公园管理活动。	7862
		0624	其他游览景区管理	指其他未列明的游览景区的管理活动。	7869
		0625	自然遗迹保护管理	包括地质遗迹保护管理、古生物遗迹保护管理等。	7712
		0626	动物园、水族馆管理服务	指以保护、繁殖、科学研究、科普、供游客观赏为目的，饲养野生动物场所的管理服务。	7715
		0627	植物园管理服务	指以调查、采集、鉴定、引种、驯化、保存、推广、科普为目的，并供游客游憩、观赏的园地管理服务。	7716
	063		休闲观光游览服务		
		0631	休闲观光活动	指以农林牧渔业、制造业等生产和服务领域为对象的休闲观光旅游活动。	9030
		0632	观光游览航空服务	指直升机、热气球等游览飞行服务。	5622
			文化相关领域	本领域包括07—09大类。	
07			文化辅助生产和中介服务		
	071		文化辅助用品制造		
		0711	文化用机制纸及纸板制造	仅指未涂布印刷书写用纸、涂布类印刷用纸、感应纸及纸板制造。该小类包含在机制纸及纸板制造行业小类中。	2221*
		0712	手工纸制造	指采用手工操作成型，制成纸的生产活动。包括手工纸（宣纸、国画纸、其他手工纸）及手工纸板。	2222
		0713	油墨及类似产品制造	指由颜料、联接料（植物油、矿物油、树脂、溶剂）和填充料经过混合、研磨调制而成，用于印刷的有色胶浆状物质，以及用于计算机打印、复印机用墨等的生产活动。	2642

代码			类别名称	说明	行业分类代码
大类	中类	小类			
		0714	工艺美术颜料制造	指油画、水粉画、广告等艺术用颜料的制造。	2644
		0715	文化用信息化学品制造	指电影、照相、医用、幻灯及投影用感光材料、冲洗套药，磁、光记录材料，光纤维通讯用辅助材料，及其专用化学制剂的制造。	2664
	072		印刷复制服务		
		0721	书、报刊印刷	指书、报刊的印刷活动。	2311
		0722	本册印制	指由各种纸及纸板制作的，用于书写和其他用途的本册生产活动。	2312
		0723	包装装潢及其他印刷	指根据一定的商品属性、形态，采用一定的包装材料，经过对商品包装的造型结构艺术和图案文字的设计与安排来装饰美化商品的印刷，以及其他印刷活动。	2319
		0724	装订及印刷相关服务	指专门企业从事的装订、压印媒介制造等与印刷有关的服务。	2320
		0725	记录媒介复制	指将母带、母盘上的信息进行批量翻录的生产活动。	2330
		0726	摄影扩印服务	包括摄影服务、照片扩印及处理服务。	8060
	073		版权服务		
		0730	版权和文化软件服务	仅指版权服务、文化软件服务。该小类包含在知识产权服务行业小类中。	7520*
	074		会议展览服务		
		0740	会议、展览及相关服务	指以会议为主，也可附带展览及其他相关的活动形式，包括项目策划组织、场馆租赁保障、相关服务。	7281－7284 7289
	075		文化经纪代理服务		
		0751	文化活动服务	指策划、组织、实施各类文化、晚会、娱乐、演出、庆典、节日等活动的服务。	9051

续表

代码			类别名称	说明	行业分类代码
大类	中类	小类			
		0752	文化娱乐经纪人	指各种文化娱乐经纪人活动。包括演员挑选、推荐服务，艺术家、作家经纪人服务，演员经纪人服务，模特经纪人服务，其他演员、艺术家经纪人服务。	9053
		0753	其他文化艺术经纪代理	指其他文化艺术经纪代理活动。	9059
		0754	婚庆典礼服务	仅指婚庆礼仪服务。该小类包含在婚姻服务行业小类中。	8070*
		0755	文化贸易代理服务	仅指文化贸易代理服务。该小类包含在贸易代理行业小类中。	5181*
		0756	票务代理服务	指除旅客交通票务代理外的各种票务代理服务。	7298
	076		文化设备（用品）出租服务		
		0761	休闲娱乐用品设备出租	指各种休闲娱乐用品设备出租活动。	7121
		0762	文化用品设备出租	指各种文化用品设备出租活动。	7123
	077		文化科研培训服务		
		0771	社会人文科学研究	指各种社会人文科学研究活动。	7350
		0772	学术理论社会（文化）团体	仅指学术理论社会团体、文化团体的服务。该小类包含在专业性团体行业小类中。	9521*
		0773	文化艺术培训	指国家学校教育制度以外，由正规学校或社会各界办的文化艺术培训活动，不包括少年儿童的课外艺术辅导班。	8393
		0774	文化艺术辅导	仅包括美术、舞蹈、音乐、书法和武术等辅导服务。该小类包含在其他未列明教育行业小类中。	8399*
08			文化装备生产		
	081		印刷设备制造		

代码			类别名称	说明	行业分类代码
大类	中类	小类			
		0811	印刷专用设备制造	指使用印刷或其他方式将图文信息转移到承印物上的专用生产设备的制造。	3542
		0812	复印和胶印设备制造	指各种用途的复印设备和集复印、打印、扫描、传真为一体的多功能一体机的制造；以及主要用于办公室的胶印设备、文字处理设备及零件的制造。	3474
	082		广播电视电影设备制造及销售		
		0821	广播电视节目制作及发射设备制造	指广播电视节目制作、发射设备及器材的制造。	3931
		0822	广播电视接收设备制造	指专业广播电视接收设备的制造，但不包括家用广播电视接收设备的制造。	3932
		0823	广播电视专用配件制造	指专业用录像重放及其他配套的广播电视设备的制造，但不包括家用广播电视装置的制造。	3933
		0824	专业音响设备制造	指广播电视、影剧院、录音棚、会议、各种场地等专业用录音、音响设备及其他配套设备的制造。	3934
		0825	应用电视设备及其他广播电视设备制造	指应用电视设备、其他广播电视设备和器材的制造。	3939
		0826	广播影视设备批发	指广播影视设备的批发和进出口活动。	5178
		0827	电影机械制造	指各种类型或用途的电影摄影机、电影录音摄影机、影像放映机及电影辅助器材和配件的制造。	3471
	083		摄录设备制造及销售		
		0831	影视录放设备制造	指非专业用录像机、摄像机、激光视盘机等影视设备整机及零部件的制造，包括教学用影视设备的制造，但不包括广播电视等专业影视设备的制造。	3953

续表

代码			类别名称	说明	行业分类代码
大类	中类	小类			
		0832	娱乐用智能无人飞行器制造	指按照国家有关安全规定标准，经允许生产并主要用于娱乐的智能无人飞行器的制造。该小类包含在智能无人飞行器制造行业小类中。	3963*
		0833	幻灯及投影设备制造	指通过媒体将在电子成像器件上的文字图像、胶片上的文字图像、纸张上的文字图像及实物投射到银幕上的各种设备、器材及零配件的制造。	3472
		0834	照相机及器材制造	指各种类型或用途的照相机的制造。包括用以制备印刷板，用于水下或空中照相的照相机制造，以及照相机用闪光装置、摄影暗室装置和零件的制造。	3473
		0835	照相器材零售	指照相器材专门零售。	5248
	084		演艺设备制造及销售		
		0841	舞台及场地用灯制造	指演出舞台、演出场地、运动场地、大型活动场地用灯制造。	3873
		0842	舞台照明设备批发	仅指各类舞台照明设备的批发。该小类包含在电气设备批发行业小类中。	5175*
	085		游乐游艺设备制造		
		0851	露天游乐场所游乐设备制造	指主要安装在公园、游乐园、水上乐园、儿童乐园等露天游乐场所的电动及非电动游乐设备和游艺器材的制造。	2461
		0852	游艺用品及室内游艺器材制造	指主要供室内、桌上等游艺及娱乐场所使用的游乐设备、游艺器材和游艺娱乐用品，以及主要安装在室内游乐场所的电子游乐设备的制造。	2462
		0853	其他娱乐用品制造	指其他未列明的娱乐用品制造。	2469
	086		乐器制造及销售		
		0861	中乐器制造	指各种中乐器的制造活动。	2421
		0862	西乐器制造	指各种西乐器的制造活动。	2422

代码			类别名称	说明	行业分类代码
大类	中类	小类			
		0863	电子乐器制造	指各种电子乐器的制造活动。	2423
		0864	其他乐器及零件制造	指其他未列明的乐器、乐器零件及配套产品的制造。	2429
		0865	乐器批发	指各种乐器的批发活动。	5147
		0866	乐器零售	指各种乐器的零售活动。	5247
09			文化消费终端生产		
	091		文具制造及销售		
		0911	文具制造	指办公、学习等使用的各种文具的制造。	2411
		0912	文具用品批发	指文具用品的批发活动。	5141
		0913	文具用品零售	指文具用品的零售活动。	5241
	092		笔墨制造		
		0921	笔的制造	指用于学习、办公或绘画等用途的各种笔制品的制造。	2412
		0922	墨水、墨汁制造	指各种墨水、墨汁及墨汁类似品的制造活动。	2414
	093		玩具制造		
		0930	玩具制造	指以儿童为主要使用者，用于玩耍、智力开发等娱乐器具的制造。	2451－2456 2459
	094		节庆用品制造		
		0940	焰火、鞭炮产品制造	指节日、庆典用焰火及民用烟花、鞭炮等产品的制造。	2672
	095		信息服务终端制造及销售		
		0951	电视机制造	指非专业用电视机制造。包括彩色、黑白电视机以及其他视频设备（移动电视机和其他未列明视频设备）的制造。	3951

代码			类别名称	说明	行业分类代码
大类	中类	小类			
		0952	音响设备制造	指非专业用音箱、耳机、组合音响、功放、无线电收音机、收录音机等音响设备的制造。	3952
		0953	可穿戴智能文化设备制造	指由用户穿戴和控制，并且自然、持续地运行和交互的个人移动计算文化设备产品的制造。该小类包含在可穿戴智能设备制造行业小类中。	3961*
		0954	其他智能文化消费设备制造	指虚拟现实设备制造活动。该小类包含在其他智能消费设备制造行业小类中。	3969*
		0955	家用视听设备批发	指家用视听设备批发活动。	5137
		0956	家用视听设备零售	指专门经营电视、音响设备、摄录像设备等的店铺零售活动。	5271
		0957	其他文化用品批发	包括玩具批发服务以及玩具、游艺及娱乐用品、照相器材和其他文化娱乐用品批发和进出口。	5149
		0958	其他文化用品零售	指专门经营游艺用品及其他未列明文化用品的店铺零售活动。	5249

注：行业分类代码后标有"*"的表示该行业类别仅有部分内容属于文化及相关产业。

表2　　　　　带"*"行业分类文化生产活动内容的说明

序号	国民经济行业分类及代码	文化及相关产业类别名称及小类代码	文化生产活动的内容
1	应用软件开发（6513*）	多媒体、游戏动漫和数字出版软件开发（0243）	包括应用软件开发中的多媒体软件、游戏动漫软件、数字出版软件开发活动。
2	其他电信服务（6319*）	增值电信文化服务（0244）	仅指固定网增值电信、移动网增值电信、其他增值电信中的文化服务，包括手机报、个性化铃音等业务服务。
3	其他数字内容服务（6579*）	其他文化数字内容服务（0245）	仅指文化宣传领域数字内容服务。

序号	国民经济行业分类及代码	文化及相关产业类别名称及小类代码	文化生产活动的内容
4	工程设计活动（7484*）	建筑设计服务（0321）	仅包括房屋建筑工程，体育、休闲娱乐工程，室内装饰和风景园林工程专项设计服务。
5	互联网生活服务平台（6432*）	互联网文化娱乐平台（0450）	仅包括互联网演出购票平台、娱乐应用服务平台、音视频服务平台、读书平台、艺术品鉴定拍卖平台和文化艺术平台。
6	投资与资产管理（7212*）	文化投资与资产管理（0510）	指政府主管部门转变职能后，成立的国有文化资产管理机构和文化行业管理机构的活动；文化投资活动，不包括资本市场的投资。
7	企业总部管理（7211*）	文化企业总部管理（0521）	指不具体从事对外经营业务，只负责文化企业的重大决策、资产管理，协调管理下属各机构和内部日常工作的文化企业总部的活动，其对外经营业务由下属的独立核算单位或单独核算单位承担，还包括派出机构的活动（如办事处等）。
8	园区管理服务（7221*）	文化产业园区管理（0522）	仅指非政府部门的文化产业园区管理服务。
9	机制纸及纸板制造（2221*）	文化用机制纸及纸板制造（0711）	包括未涂布印刷书写用纸制造、涂布类印刷用纸制造、感应纸及纸板制造。
10	知识产权服务（7520*）	版权和文化软件服务（0730）	版权服务包括版权代理服务，版权鉴定服务，版权咨询服务，著作权登记服务，著作权使用报酬收转服务，版权交易、版权贸易服务和其他版权服务。文化软件服务指与文化有关的软件服务，包括软件代理、软件著作权登记、软件鉴定等服务。
11	婚姻服务（8070*）	婚庆典礼服务（0754）	指婚庆礼仪服务。包括婚礼策划、组织服务，婚礼租车服务，婚礼用品出租服务，婚礼摄像服务和其他婚姻服务。

序号	国民经济行业分类及代码	文化及相关产业类别名称及小类代码	文化生产活动的内容
12	贸易代理（5181*）	文化贸易代理服务（0755）	包括文化用品、图书、音像、文化用家用电器和广播电视器材等国际国内贸易代理服务。
13	专业性团体（9521*）	学术理论社会（文化）团体（0772）	学术理论社会团体包括党的理论研究、史学研究、思想工作研究、社会人文科学研究等团体的服务。文化团体包括新闻、图书、报刊、音像、版权、广播、电视、电影、演员、作家、文学艺术、美术家、摄影家、文物、博物馆、图书馆、文化馆、游乐园、公园、文艺理论研究、民族文化等团体的服务。
14	其他未列明教育（8399*）	文化艺术辅导（0774）	包括美术、舞蹈、音乐、书法和武术等辅导服务。
15	智能无人飞行器制造（3963*）	娱乐用智能无人飞行器制造（0832）	指按照国家有关安全规定标准，经允许生产并主要用于娱乐的智能无人飞行器的制造。
16	电气设备批发（5175*）	舞台照明设备批发（0842）	包括各类舞台照明设备的批发。
17	可穿戴智能设备制造（3961*）	可穿戴智能文化设备制造（0953）	指由用户穿戴和控制，并且自然、持续地运行和交互的个人移动计算文化设备产品的制造。
18	其他智能消费设备制造（3969*）	其他智能文化消费设备制造（0954）	仅指虚拟现实设备制造活动。

附录三

2019—2020年度山东省国家级
文化出口重点企业目录

（排名不分先后）

山东双泽信息技术有限公司

青岛出版集团有限公司

青岛广电中视文化有限公司

山东劳立斯世正乐器有限公司

青岛童幻动漫有限公司

山东超越轻工制品有限公司

淄博市淄川振华玻璃制品有限公司

潍坊乐维特建筑技术有限公司

潍坊科苑数字科技有限责任公司

临沭美艺工艺品有限公司

莒南县运达进出口有限公司

附录四

2019—2020年度山东省国家级
文化出口重点项目目录

尼山书屋"走出去"工程
企业名称：山东友谊出版社有限公司

中华美食频道"中华美食地图"海外推广项目
企业名称：青岛广电中视文化有限公司

山东大运河文化创意集市国际文化教育服务贸易平台
企业名称：山东大运河文化创意有限公司

附录五

2019—2020年度山东省重点
文化产品和服务出口企业名单

（排名不分先后）

山东友谊出版社

济南易普特数据服务有限公司

山东双泽信息技术有限公司

济南译软信息技术有限公司

青岛出版集团有限公司

青岛广电中视文化有限公司

青岛童幻动漫有限公司

尚福（青岛）游戏技术有限公司

山东劳立斯世正乐器有限公司

青岛市首胜实业有限公司

青岛吉森乐器有限公司

青岛昊宇工艺品有限公司

青岛市平度永良工艺品厂

山东英科环保再生资源股份有限公司

山东超越轻工制品有限公司

淄博淄川振华玻璃制品有限公司

淄博大染坊丝绸集团有限公司

枣庄市一甲动漫制作股份有限公司

山东华瀚轻工业品有限公司

枣庄富源玩具有限公司

枣庄艺森玩具有限公司

山东恒福玩具有限公司

山东集律博物文化发展股份有限公司

枣庄奥森乐器有限公司

烟台博斯纳钢琴制造有限公司

烟台明远家用纺织品有限公司

烟台北方家用纺织品有限公司

潍坊乐维特建筑技术有限公司

潍坊科苑数字科技有限公司

昌邑市大华木业有限公司

潍坊祺月集团

昌乐明宇乐器有限公司

山东大运河文化创意有限公司

山东圣润纺织有限公司

济宁海基工艺品有限公司

济宁市乔麦体育用品有限公司

日照木槿花数字技术有限公司

山东永旺工艺品有限公司

日照海通丝业有限公司

泰安市智财翻译有限公司

临沭腾奥工艺品有限公司

临沭晴朗工艺品有限公司

临沂照兴工艺品有限公司

临沂鲁美达工艺品有限公司

临沂陆祥工艺品有限公司

临沂中大工艺品有限公司

临沭美艺工艺品有限公司

临沭佳柳工艺品有限公司

临沭金柳工艺品有限公司

临沂荣华文创藤饰股份有限公司

临沭青源工艺品有限公司

临沂杞宝工艺品有限公司

临沂白云工艺品有限公司

莒南阳明工艺品有限公司

莒南县运达进出口有限公司

临沂金狮工艺品有限公司

莒南县源泰家居用品有限公司

莒南县东艺工艺品有限公司

临沂志泉工艺品有限公司

临沂百优特工艺品有限公司

临沂美德工艺品有限公司

山东山石麦尔乐器有限公司

曹县鲁艺木业有限公司

曹县鲁艺广发工艺品有限公司

曹县中艺木业有限责任公司

附录六

山东省省级及以上文化产业示范园区、基地名单

一、省级及以上文化产业示范园区

（一）国家级文化产业园区

曲阜新区文化产业园

（二）山东省文化产业示范园区

青岛国际动漫游戏产业园

台儿庄古城文化产业园

周村古商城文化产业园区

烟台广告创意产业园区

杨家埠民俗艺术大观园

山东金宝集团文化产业园区

济宁文化创意产业园

梁山县文化产业园

威海华夏城

大乳山滨海旅游度假区

鸿儒文化控股集团有限公司

郓城水浒好汉城文化产业园

二、省级及以上文化产业示范基地

（一）国家文化产业示范基地

山东爱书人文化集团有限公司

青岛市文化街

青岛胶南市达尼画家村

淄博东夷齐文化发展有限公司

周村古商城旅游发展有限公司

蓬莱八仙过海旅游有限公司

潍坊杨家埠民俗艺术有限公司

山东金宝集团有限公司

诸城中国龙城旅游投资有限责任公司

山东华艺雕塑艺术有限公司

嘉祥石雕文化产业园

山东省儒源文化集团有限公司

东平水浒旅游开发有限责任公司

威海刘公岛实业发展有限公司

山东华夏文化旅游集团有限公司

（二）省级文化产业示范基地

济南

山东爱书人文化集团有限公司

山东东方天健广告公司

山东百旺文化市场

齐鲁动漫基地

济南巨业源实业有限公司

山东鲁信文化传媒投资集团有限公司

济南明湖居演艺有限公司

山东世纪金榜科教文化股份有限公司

西街工坊创意文化产业园

山东世博演艺经纪有限公司

济南华强文化旅游发展有限公司

济南红霖联合实业有限公司

山东世博华创动漫传媒有限公司

山东威邦家居用品股份有限公司

山东中演文化传播有限公司

C7商业艺术中心

山东巧夺天工红木文化传播推广基地

青岛

青岛市达尼画家村

青岛世正乐器有限公司

青岛时空演出有限公司

青岛啤酒博物馆

青岛国际工艺品城

青岛银海旅游集团公司

青岛韩家民俗村文化有限公司

青岛中联U谷2.5产业园

青岛民俗文化产业发展有限公司

青岛海都文化产业发展有限公司

青岛奥宇工艺品有限公司

青岛城市传媒股份有限公司

省广先锋（青岛）广告有限公司

青岛广告文化产业园开发有限公司

青岛纺织谷发展有限公司

青岛创客空间品牌管理有限公司

青岛蛙声一片创客服务有限公司

青岛如是文化科技有限公司

淄博

山东世纪天鸿书业有限公司

荣宝斋淄博有限公司

淄博开元文化大世界

淄博美图广告传播有限公司

淄博市电影发行放映公司

山东长征教育科技有限公司

淄博泰山瓷业有限公司

淄博人立文化创意股份有限公司

淄川振华玻璃制品有限公司

国井酒文化博览园

枣庄

枣庄大观园文化市场

山东洪海集团有限公司

枣庄东林旅游开发有限公司

山东汇通古镇文化旅游开发有限公司

天穹文化发展有限公司

东营

东营中齐文化用品有限责任公司

东营万叶文化传播有限公司

山东枫云国际文化创意管理有限公司

东营孙子文化旅游区

东营市辰奇瑞阳文化产业运营有限公司

烟台

蓬莱市蓬莱阁旅游有限责任公司

蓬莱八仙过海旅游有限公司

烟台动漫基地

烟台市烟台山景区

张裕旅游有限公司

烟台中海联置业有限公司（烟台中国文化艺术城）

烟台东莱文化街

祥源文化教育产业示范基地

山东泰山管乐器制造有限公司

潍坊

山东临朐华艺雕塑艺术有限公司

潍坊金丝达实业有限公司

诸城中国龙城旅游投资有限责任公司

山东中动文化传媒有限公司

青州广和书画艺术有限公司

山东惠影科技传媒股份有限公司

歌尔声学股份有限公司

潍坊十笏园文化运营管理有限公司

山东全影网络科技股份有限公司

齐鲁酒地文化发展股份有限公司

珠联天下文化发展有限公司（1532文化产业园）

潍坊滨海旅游集团有限公司

济宁

曲阜明故城文化产业园

嘉祥石雕文化产业园

济宁电影有限公司

山东汶上宝相寺旅游发展有限公司

嘉祥京鲁益久织造有限公司（鲁锦）

羊山古镇国际军事旅游度假区

山东德行天下文化传媒有限公司

济宁宏文文化产业有限公司

邹城圣城文化旅游开发有限公司

济宁高新软件园服务有限公司

山东美猴文化创意集团有限公司

曲阜市三孔旅游服务公司

山东周广胜木雕有限公司

孔府印阁篆刻电商基地

泰安

泰山景区

泰山文化广场

肥城新华印刷有限公司

新泰和圣旅游文化开发有限公司

泰安泰山大汶口文化旅游发展有限公司

泰安泰山方特欢乐世界旅游发展有限公司

中华泰山封禅大典大型演艺有限公司

泰安汉辰文化创意产业有限公司

肥城万兴国际商品（桃木）有限公司

泰安市宝泰隆泰山地下大裂谷旅游开发有限责任公

丽泰泰山创业梦工场投资有限公司

山东金彩山文化科技有限公司

中京文化艺术旅游景区

威海

威海市梦海演艺有限责任公司

威海刘公岛实业发展有限公司

威海金石湾文化艺术产业发展有限公司

文登市芸祥绣品有限公司

威海福地传奇水上乐园有限公司

威海佳润文化传播有限公司

威海半岛艺术空间文化传播有限公司

山东昆嵛电视广告有限公司

日照

日照兆启黑陶文化研究所

日照广云龙山文化艺术有限公司

日照市东港区锦丽工艺品有限公司

山东国软信息技术有限公司

日照白鹭湾文化旅游发展有限公司

日照花仙子农业发展有限公司

日照春风十里乡村文旅创意园

山东晨韵文化发展有限公司

临沂

山东省天宇自然博物馆

临沭金柳工艺品公司

临沂市新华印刷工业园

临沂国际影视城

临沂凯歌国际文化城

临沂市蒙山沂水演艺有限公司

山东沂蒙红色影视拍摄基地旅游开发有限公司

临沂银光文创园有限公司

山东亲情沂蒙旅游有限公司

莒南阳明工艺品有限公司

德州

德州市新华书店

德州梁子黑陶文化园

古贝春有限公司工业旅游园区

德州董子文化街

泰山体育产业集团有限公司

山东新街口文化产业有限公司

夏津德百小镇椹仙村旅游开发有限公司

博纳新天地文化创意产业园

聊城

山东东阿阿胶股份有限公司

东昌府工艺葫芦产业基地

山东阳谷千秋文化实业有限公司

阳谷文状元木雕文化艺术有限公司

聊城金正动画有限公司

临清市魏家湾贡砖文化传播展示基地

山东金明文化产业发展有限公司

滨州

山东惠民孙子兵法城旅游开发有限责任公司

山东海瓷艺术文化传播有限公司

山东鼎龙民俗文化传播有限公司

山东泰丰文化艺术有限公司

山东博兴天龙集团

黄河文化产业股份有限公司

山东魏集古村落旅游文化有限公司

博兴县老粗布文化创意产业园

菏泽

鄄城鲁锦工艺品有限责任公司

曹县好多亿工艺品有限公司

曹县云龙木雕工艺有限公司

山东宇生文化传播有限公司

菏泽嘉利华荣文化传媒有限公司

黄河窑陶瓷博物馆有限公司

省直

山东文化传媒有限公司

附录七

山东省国家级、省级非物质文化遗产项目总表

（省级项目共1073个，其中国家级项目共186个）

属地	序号	项目名称	保护单位	省级项目批次	国家级项目批次
省直	1	柳子戏	山东省柳子剧团	第一批	第一批
	2	京剧	山东省京剧院	第一批	第一批
	3	吕剧	山东省吕剧院	第一批	第二批
	4	山东大鼓	山东省艺术研究院	第一批	第一批
	5	山东琴书	山东省艺术研究院	第一批	第一批
	6	山东快书	山东省艺术研究院	第一批	第一批
	7	彩印花布	山东省文化和旅游厅	第一批	
	8	蓝印花布	山东省文化和旅游厅	第一批	
	9	鲁西南民间织锦技艺	山东省文化和旅游厅	第一批	
	10	山东民歌	山东省文化和旅游厅	第一批	
	11	梅花拳	山东梅花拳学会	第二批	
	12	水浒传说	山东省水浒文化交流中心	第三批	
	13	古琴艺术	山东省艺术研究院	第三批	
	14	拓片制作技艺	山东省非物质文化遗产保护协会	第三批	

属地	序号	项目名称	保护单位	省级项目批次	国家级项目批次
省直	15	山东民歌（淄博市《赶牛山》、胶州市《赶集》、泗水县《大辫子甩三甩》、兰陵城区《绣荷包》）	山东省文化馆	第三批	
	16	王三贴膏药制作技艺	中国中铁十局集团有限公司	第三批	
	17	装裱修复技艺（古籍修复技艺）	山东省图书馆	第四批	
	18	制扇技艺	山东省民俗学会	第四批	
	19	珠算文化	山东珠算协会	第四批	
	20	民间食俗（山东煎饼习俗）	山东省民俗学会	第四批	
	21	洪派太极拳	山东省武术院	第四批	
	22	鲁绣	山东省工艺美术协会		第五批
		鲁绣（衣线绣）	山东省博物馆	第五批	
	23	快板	山东省艺术研究院	第五批	
	24	中华传统礼射	山东省图书馆	第五批	
	25	螳螂拳	山东省武术运动协会	第五批	
	26	太极拳（济南陈氏太极拳）	山东省非物质文化遗产保护协会	第五批	
	27	剪纸（剪影）	山东省非物质文化遗产保护协会	第五批	
	28	中式服装制作技艺（戏曲服装传统制作技艺）	山东金针银线服饰有限公司	第五批	
	29	古文字陶刻技艺	山东省工艺美术协会	第五批	
	30	铁器制作技艺（铁壶制作技艺）	山东省工艺美术协会	第五批	
	31	传统面食制作技艺（传统面点小吃制作技艺）	山东省工艺美术协会	第五批	

属地	序号	项目名称	保护单位	省级项目批次	国家级项目批次
省直	32	传统面食制作技艺（野风酥食品制作技艺）	济南野风酥食品有限公司	第五批	
	33	雕版印刷技艺	山东省图书馆	第五批	
	34	泰山玉雕刻技艺	济南泰崃天宝泰山玉有限公司	第五批	
	35	银饰锻制技艺（张氏银器制作技艺）	山东黄金鑫意工艺品有限责任公司	第五批	
	36	中医传统制剂方法（宏济堂安宫牛黄丸传统制作技艺）	山东宏济堂制药集团股份有限公司	第五批	
	37	中医诊疗法（霍氏中医望诊术）	淄博高新区石桥霍医师保健堂	第五批	
	38	中医诊疗法（山东孙重三小儿推拿流派）	山东中医药大学附属医院	第五批	
	39	针灸（叶氏心法针灸）	山东力明科技职业学院	第五批	
	40	民间习俗（泰山文石鉴赏习俗）	山东省体育集邮与收藏协会	第五批	
	41	民间食俗（燕喜堂宴席习俗）	济南康顺燕喜堂餐饮管理合伙企业（有限合伙）	第五批	
济南	1	闵子骞传说	济南市历城区文化馆	第一批	
	2	鼓子秧歌	商河县文化馆	第一批	第一批
	3	鼓子秧歌	济阳区文化馆	第一批	第二批
	4	章丘芯子	济南市章丘区文化馆	第一批	第二批
	5	花鞭鼓舞	商河县文化馆	第一批	第二批
	6	手龙绣球灯	济南市长清区文化馆	第一批	
	7	京剧	济南市京剧院	第一批	
	8	吕剧	济南市吕剧院	第一批	第二批
	9	济南皮影戏	济南市群众艺术馆	第一批	第二批

属地	序号	项目名称	保护单位	省级项目批次	国家级项目批次
济南	10	王皮戏	平阴县文化馆	第一批	
	11	山东大鼓	济南市曲艺团	第一批	
	12	山东琴书	济南市曲艺团	第一批	
	13	山东快书	济南市曲艺团	第一批	
	14	济南烤鸭制作技艺	济南市聚丰德饭店	第一批	
	15	东阿镇福牌阿胶制作技艺	山东福胶集团东阿镇阿胶有限公司	第一批	第二批
	16	大舜传说	济南市历下区文化馆	第二批	
	17	扁鹊传说	济南市长清区济南市豫剧团	第二批	
	18	柳下惠传说	平阴县文化馆	第二批	
	19	章丘扁鼓	济南市章丘区文化馆	第二批	
	20	梆鼓秧歌	济南市历城区港沟镇有兰峪村村民委员会	第二批	
	21	加古通	平阴县文化馆	第二批	
	22	评词	济南市曲艺团	第二批	
	23	济南形意拳	济南市形意拳研究会	第二批	
	24	济南面塑	济南市群众艺术馆	第二批	
	25	鲁绣	济南市群众艺术馆	第二批	
	26	济南石家老陶烧制技艺	济南槐荫区石家老陶工作室	第二批	
	27	仲宫白酒传统酿造技艺	济南市趵突泉酿酒有限公司	第二批	
	28	济南油旋制作技艺	济南弘春美斋	第二批	
	29	宏济堂中医药文化	济南市宏济堂医药有限责任公司	第二批	第五批
	30	千佛山庙会	济南市千佛山风景名胜区管理处	第二批	
	31	章丘铁匠习俗	济南市章丘区文化馆	第二批	

属地	序号	项目名称	保护单位	省级项目批次	国家级项目批次
济南	32	孟姜女传说	济南市长清区万德长城村村民委员会	第二批	
	33	五音戏	济南市章丘区文祖镇文化站	第二批	
	34	张尔岐传说	济南市济阳区文化馆	第三批	
	35	古琴艺术	济南市文化馆	第三批	
	36	上杠高跷	济南市济阳区文化馆	第三批	
	37	坠子	济南市文化馆	第三批	
	38	太平拳	平阴县文化馆	第三批	
	39	武当太乙门	济南市槐荫区文化馆	第三批	
	40	章丘黑陶烧制技艺	济南市章丘区文化馆	第三批	
	41	旗袍制作技艺	济南市历下区文化馆	第三批	
	42	泺口醋酿造技艺	济南市天桥区文化馆	第三批	
	43	山东渔鼓	平阴县文化馆	第三批	
	44	宏济堂阿胶制作技艺	济南市章丘区文化馆	第三批	
	45	猫蝶富贵	济南市天桥区文化局	第四批	
	46	章丘梆子	济南市章丘区文广新局	第四批	
	47	济南微雕	济南市群众艺术馆（济南市非物质文化遗产保护中心）	第四批	
	48	木鱼石雕刻制作技艺	济南市长清区文广新局	第四批	
	49	山东梆子	济南市长清区文广新局	第四批	
	50	山东落子	济南市长清区文广新局	第四批	
	51	泥塑兔子王	济南市历下区文化局	第四批	
	52	鲁绣（济南钩绣）	济南市济阳区文广新局	第四批	
	53	百脉泉传统酿酒技艺	济南市章丘区文广新局	第四批	
	54	葡萄软月制作技艺	济南市天桥区文化局	第四批	
	55	锡雕	济南市莱芜区艺术馆	第一批	第二批

属地	序号	项目名称	保护单位	省级项目批次	国家级项目批次
济南	56	颜庄村花鼓锣子	济南市钢城区文化馆	第一批	
	57	莱芜梆子	济南市莱芜区莱芜梆子剧团	第一批	第二批
	58	贾家洼村傀儡戏	济南市莱芜区羊里镇文化站	第一批	
	59	长勺之战传说	济南市莱芜区非物质文化遗产保护中心	第二批	
	60	张氏吹打乐	济南市莱芜区牛泉镇文化站	第二批	
	61	蹉地舞	济南市莱芜区和庄镇文化站	第二批	
	62	莱芜吕家泥塑	济南市莱芜区非物质文化遗产保护中心	第二批	
	63	糖瓜制作技艺	济南市莱芜区杨庄镇文化站	第二批	
	64	孟姜女传说	济南市莱芜区茶业口镇文化站	第二批	第四批
	65	长勺鼓乐	济南市莱芜区文化馆	第三批	
	66	莱芜口镇南肠传统制作技艺	济南市莱芜区文化馆	第三批	
	67	亓氏酱香源肉食酱制技艺	济南市莱芜区文化馆	第三批	第四批
	68	蟠龙梆子	济南市莱芜区艺术馆	第四批	
	69	茶传统制作技艺（传统干烘茶制作技艺）	山东五福茶业有限公司	第四批	
	70	民间信俗（中元节习俗）	济南市莱芜区民间文学研究学会	第四批	第五批
	71	木雕（邹家木雕）	济南市莱芜区民间文学研究学会	第四批	
	72	绳编（高家店麻绳）	济南市莱芜区杨庄镇陈楼糖瓜研究协会	第四批	
	73	传统糊香食用油制作技艺	山东山歌食品有限公司	第四批	
	74	中医传统制剂方法（宋氏祖传拔毒膏制作技艺）	济南市莱芜区宋氏疑难杂症研究中心	第四批	

属地	序号	项目名称	保护单位	省级项目批次	国家级项目批次
济南	75	秦琼传说	天桥区文化馆	第五批	
	76	山东民歌（商河民歌）	商河县文化馆	第五批	
	77	龙舞（济南舞龙）	济南市文化馆（济南市非物质文化遗产保护中心）	第五批	
	78	绣球灯舞（西张村绣球灯）	济南市槐荫区吴家堡街道西张家村村委会	第五批	
	79	花棍舞	商河县文化馆	第五批	
	80	董家伞棍鼓舞	济南市济阳区文化馆	第五批	
	81	秧歌（曲堤金李小伞秧歌）	济阳区文化馆	第五批	
	82	口技	济南市文化馆（济南市非物质文化遗产保护中心）	第五批	
	83	少林拳（济南少林拳）	济南市历城区山大路街道甸柳社区居委会	第五批	
	84	平阴独轮车	平阴县杏坛文化艺术中心	第五批	
	85	形意拳（莱芜形意拳）	济南市钢城区武术运动协会	第五批	
	86	侯氏社火脸谱	济南尚毓合文化传媒有限公司	第五批	
	87	葫芦雕刻（章丘葫芦雕刻）	济南友谊葫芦文化发展有限公司	第五批	
	88	济南蛋雕	济南市文化馆（济南市非物质文化遗产保护中心）	第五批	
	89	石雕（燕子石制作技艺）	济南市树军燕石奇石有限公司	第五批	
	90	木版年画（莱芜木版年画）	济南市文化馆（济南市非物质文化遗产保护中心）	第五批	
	91	古陶瓷修复技艺	济南市涌泉非物质文化遗产保护有限公司	第五批	
	92	超意兴把子肉及相关系列菜品制作技艺	济南超意兴餐饮有限公司	第五批	
	93	四喜丸子系列菜品制作技艺	山东四喜居餐饮管理有限公司	第五批	

属地	序号	项目名称	保护单位	省级项目批次	国家级项目批次
济南	94	章丘铁锅锻打技艺	济南三环厨具有限公司	第五批	
	95	黄家烤肉制作技艺	章丘区绣惠镇黄家湾伍忠烤肉店	第五批	
	96	鲁味斋扒蹄制作技艺	济南鲁味斋食品有限责任公司	第五批	
	97	孝里米粉制作技艺	济南市长清区孝里王氏米粉店	第五批	
	98	翟庄"瘸把"烧鸡制作技艺	济南翟庄瘸把烧鸡有限公司	第五批	
	99	金凤城红茶传统制作技艺	济南市莱芜凤城茶庄有限公司	第五批	
	100	金家羊汤制作技艺	济南市莱芜金家老店餐饮有限公司	第五批	
	101	莱芜东大传统服饰制作技艺	山东东大服饰有限公司	第五批	
	102	秦老太茶汤制作技艺	山东秦老太食品有限公司	第五批	
	103	桥氏木作技艺	济南市历城区文化馆	第五批	
	104	济阳黑陶制作技艺	济阳龙格黑陶艺术研究院有限公司	第五批	
	105	扁鹊脉学诊法	山东中医药大学	第五批	
	106	王氏整脊术	山东省中医针灸推拿整骨职业培训学校	第五批	
	107	济南喜面鼻烟制作技艺	济南鼻烟研究所	第五批	
	108	趵突泉新春花灯会	济南天下第一泉风景区服务中心	第五批	
青岛	1	崂山民间故事	青岛市崂山区非物质文化遗产保护协会	第一批	第二批
	2	秃尾巴老李传说	青岛圣龙山旅游开发有限公司	第一批	第二批
	3	宗家庄木版年画	平度市文化馆	第一批	
	4	胶州剪纸	青岛市黄岛区文化馆	第一批	
	5	胶州剪纸	胶州市博物馆	第一批	

属地	序号	项目名称	保护单位	省级项目批次	国家级项目批次
青岛	6	胶州剪纸	黄岛区文化馆（原胶南市）	第一批	
	7	崂山道教音乐	青岛市崂山区太清宫	第一批	第二批
	8	胶州秧歌	胶州市文化馆	第一批	第一批
	9	茂腔	胶州市茂腔秧歌艺术传承保护中心	第一批	第一批
	10	京剧	青岛市京剧院	第一批	
	11	柳腔	青岛市即墨区柳腔剧团	第一批	第二批
	12	胶东大鼓	青岛市歌舞剧院曲艺团	第一批	第二批
	13	山东八角鼓	胶州市文化馆	第一批	
	14	周戈庄上网节（渔民开洋、谢洋节）	青岛市即墨区田横镇周戈庄村村民委员会	第一批	第二批
	15	海云庵糖球会	青岛市市北区文化馆	第一批	
	16	天后宫新正民俗文化庙会	青岛市民俗博物馆	第一批	
	17	徐福传说	青岛市黄岛区文化馆	第二批	第三批
	18	徐福传说	青岛市黄岛区文化馆（原胶南市）	第二批	第三批
	19	琅琊台传说	青岛市黄岛区文化馆	第二批	
	20	莱西秧歌	莱西市文化馆	第二批	
	21	孙膑拳	青岛市市北区武术文艺协会	第二批	第三批
	22	孙膑拳	青岛市李沧区文化馆	第二批	
	23	崂山道教武术	青岛市崂山区文化馆崂山道教武术团	第二批	
	24	傅士古短拳	青岛市城阳区惜福镇街道办事处	第二批	
	25	即墨大欧鸟笼制作技艺	青岛市即墨区七级镇大欧村村民委员会	第二批	
	26	胶南泊里红席编织技艺	青岛市黄岛区泊里镇人民政府	第二批	

属地	序号	项目名称	保护单位	省级项目批次	国家级项目批次
	27	茂腔	青岛市黄岛区茂腔剧团	第二批	第五批
	28	螳螂拳	青岛市崂山区非物质文化遗产协会	第二批	第三批
	29	胡峄阳传说	青岛市城阳区文化馆	第三批	第四批
	30	盐宗夙沙氏煮海成盐传说	青岛市城阳区文化馆	第三批	
	31	木质渔船制造技艺	青岛市城阳区文化馆	第三批	
	32	即墨老酒黄酒传统酿造技艺	青岛市即墨区文化馆	第三批	
	33	妙府黄酒传统酿造技艺	青岛市即墨区文化馆	第三批	
	34	三字经流派推拿疗法	青岛市中医医院	第三批	
	35	鸳鸯螳螂拳	青岛市市南区文化馆	第三批	第四批
	36	平度草编	平度市文化馆	第三批	
青岛	37	王邦直与《律吕正声》的传说	城阳区惜福镇街道小庄社区居民委员会	第四批	
	38	鸳鸯内家功	青岛鸳鸯螳螂拳俱乐部	第四批	
	39	三铺龙拳	胶州市三铺龙拳研究会	第四批	
	40	指墨画	青岛市即墨区国栋艺术馆	第四批	
	41	海产品制作技艺（沙子口金钩海米加工技艺）	青岛鑫海裕丰海产品有限公司	第四批	
	42	春宝发制品传统制作工艺	即发集团有限公司	第四批	
	43	胶州作古典家具制作技艺	胶州九兴博物馆	第四批	
	44	民间习俗（东夷渔祖郎君庙会）	青岛韩家民俗村文化有限公司	第四批	
	45	秧歌（闫家山地秧歌）	青岛雁山集团有限公司	第四批	

属地	序号	项目名称	保护单位	省级项目批次	国家级项目批次
青岛	46	刘氏泥塑	青岛市城阳区河套街道办事处	第四批	
	47	即墨泥老虎	青岛节墨文化产业有限公司	第四批	
	48	棒槌花边技艺（即墨花边传统手工技艺）	青岛国华工艺品有限公司	第四批	第五批（合并申报）
	49	棒槌花边技艺（即墨花边传统手工技艺）	青岛华美集团有限公司	第四批	
	50	肉食传统制作技艺周氏流亭猪蹄制作技艺	青岛市城阳区鑫复盛大酒店	第四批	
	51	香酥鸡烹饪技艺	青岛春和楼饭店有限责任公司	第四批	
	52	万和春排骨砂锅制作工艺	青岛万和春餐饮管理有限公司	第四批	
	53	中医诊疗法（周氏艾灸法）	市南颐和社区卫生服务站	第四批	
	54	中医诊疗法（八白散传统驻颜技法）	青岛植秀堂养生养颜连锁有限公司	第四批	
	55	中医诊疗法（李氏小儿推拿秘笈）	青岛市市南区文化馆	第四批	
	56	洼里盘鼓	青岛市城阳区流亭街道洼里社区居民委员会	第五批	
	57	唢呐艺术（胶州吹打乐）	胶州市文化馆	第五批	
	58	秧歌（宝山地秧歌）	青岛市黄岛区宝山地秧歌传承中心	第五批	
	59	木偶戏（莱西木偶戏）	青岛大汉偶歌文化传播有限公司	第五批	
	60	螳螂拳（太极梅花螳螂拳）	青岛郝斌太极梅花螳螂拳推广中心	第五批	
	61	螳螂拳（七星螳螂拳）	平度市明村镇人民政府	第五批	
	62	麦秆剪贴（麦草画手工技艺）	青岛秦汉文化产业发展有限公司	第五批	

属地	序号	项目名称	保护单位	省级项目批次	国家级项目批次
青岛	63	辛氏锒金画	青岛慧宝艺术文化传播有限公司	第五批	
	64	青岛高家糖球制作技艺	青岛高家汇品商贸有限公司	第五批	
	65	蒸馏酒传统酿造工艺（寺后老烧锅酒传统酿制技艺）	青岛寺后酿酒有限公司	第五批	
	66	古法花生油压榨技艺	青岛市崂山区益嘉古法榨油技艺保护中心	第五批	
	67	锡艺（陈氏锡艺）	青岛陈大雷传统文化教育发展有限公司	第五批	
	68	海产品传统制作技艺（海鲜腌制技艺）	青岛市一鲁鲜食品有限公司	第五批	
	69	锡艺（王门锡）	青岛市市南区舒雅居工艺有限公司	第五批	
	70	蒸馏酒传统酿造工艺（琅琊酿酒工艺）	青岛琅琊台集团股份有限公司	第五批	
	71	绿茶制作技艺（崂山绿茶制作技艺）	青岛万里江茶业有限公司	第五批	
	72	传统古琴制作技艺（九嶷派斫琴法）	青岛市古琴协会	第五批	
	73	渔网编织技艺	青岛韩家民俗文化有限公司	第五批	
	74	崂山鲅鱼礼俗	青岛市崂山区水产商会	第五批	
淄博	1	孟姜女传说	淄博市非物质文化遗产保护中心	第一批	第一批
	2	炉姑传说	淄博市张店区文化馆	第一批	
	3	炉姑传说	桓台县索镇西镇村村民委员会	第一批	
	4	牛郎织女传说	沂源县文化馆	第一批	第二批
	5	聊斋俚曲	淄博市非物质文化遗产保护中心	第一批	第一批
	6	周村芯子	淄博市周村区文化馆	第一批	第二批

属地	序号	项目名称	保护单位	省级项目批次	国家级项目批次
淄博	7	阁子里芯子	淄博市临淄区南仇东村村民委员会	第一批	第二批
	8	磁村花鼓	淄博市淄川区人民政府	第一批	
	9	踩寸子	淄博市临淄区文化馆	第一批	
	10	五音戏	淄博市五音戏剧院	第一批	第一批
	11	鹧鸪戏	淄博市临淄区文化馆	第一批	第三批
	12	周村烧饼	山东周村烧饼有限公司	第一批	第二批
	13	周村铜响乐器制作技艺	周村鲁东乐器厂	第一批	
	14	蹴鞠	淄博市临淄区非物质文化遗产保护中心	第一批	第一批
	15	颜文姜传说	淄博市博山区文化馆	第二批	
	16	鬼谷子传说	淄博市淄川区双杨镇藏梓村村民委员会	第二批	
	17	临淄成语典故	淄博市临淄区非物质文化遗产保护中心	第二批	
	18	齐韶	淄博市临淄区非物质文化遗产保护中心	第二批	
	19	博山锣鼓	淄博市博山区李家窑社区居委会	第二批	
	20	商家大鼓	淄博市淄川区商家镇文化站	第二批	
	21	临淄花边	淄博市临淄区非物质文化遗产保护中心	第二批	
	22	扳倒井白酒传统酿造技艺	高青县山东扳倒井股份有限公司	第二批	
	23	清梅居香酥牛肉干手工技艺	淄博市博山区清梅居食品有限公司	第二批	
	24	王村醋传统酿造技艺	淄博市山东华玉酿造有限公司	第二批	
	25	强恕堂白酒传统酿造技艺	淄博市山东黄河龙集团	第二批	

属地	序号	项目名称	保护单位	省级项目批次	国家级项目批次
淄博	26	淄博陶瓷烧制技艺	淄博市泰山瓷业有限公司	第二批	第三批
	27	赵培印面瘫膏药制作工艺	淄博市张店区文化馆	第二批	
	28	扈氏鼻炎药膏制作工艺	淄博市临淄区百年立正堂有限公司	第二批	
	29	周村古商城商贸习俗	淄博市周村区古商城管委会办公室	第二批	
	30	淄博花灯会	淄博市张店区非物质文化遗产保护中心	第二批	第四批
	31	锦灰堆	淄博市周村区文化馆	第三批	
	32	鲁派内画	淄博市张店区文化馆	第三批	第四批
	33	鲁派内画	淄博市博山区文化馆	第三批	
	34	淄博刻瓷	淄博市淄川区文化馆	第三批	
	35	淄砚制作技艺	淄博市淄川区文化馆	第三批	
	36	周村丝绸织染技艺	淄博市周村区文化馆	第三批	第五批
	37	博山琉璃烧制技艺	淄博市博山区文化馆	第三批	第四批
	38	四四席食俗	淄博市博山区文化馆	第三批	
	39	仪狄造酒故事	山东扳倒井股份有限公司	第四批	
	40	八仙戏	淄博市临淄区皇城镇五路口村	第四批	
	41	通背拳	淄博市通背拳研究会	第四批	
	42	民间食俗（博山正觉寺禅修茶道）	山东省博山正觉寺	第四批	
	43	孙膑拳	淄博市孙膑拳研究会	第四批	
	44	洪派太极拳	淄博市致远洪式太极拳传承保护中心	第四批	
	45	刻瓷（博山窑陶瓷刻绘）	淄博依山堂陶瓷厂	第四批	

属地	序号	项目名称	保护单位	省级项目批次	国家级项目批次
淄博	46	陶瓷烧制技艺（博山雨点釉制作技艺）	博山油滴雨点釉研究所	第四批	
	47	拓片制作技艺（古器物拓制技艺）	淄博市临淄区文化馆	第四批	
	48	琉璃烧制技艺（淄博琉璃烧制技艺、博山琉璃灯工制作技艺、博山鸡油黄与鸡肝石琉璃烧制技艺）	淄博市淄川振华玻璃制品有限公司	第四批	
	49	博山鸡油黄与鸡肝石琉璃烧制技艺	淄博爱美琉璃制造有限公司	第四批	
	50	博山琉璃灯工制作技艺	淄博康乾琉璃艺术品制造有限公司	第四批	
	51	肉食传统制作技艺（知味斋肴鸡制作技艺）	山东知味斋餐饮娱乐有限公司	第四批	
	52	传统面食制作工艺（淄川肉烧饼制作技艺）	淄博市淄川区文化馆	第四批	
	53	中医传统制剂方法（古城膏药制作工艺及正骨医术）	淄博万宝堂医疗科技有限公司、淄博临淄万春堂骨科医院有限公司	第四批	
	54	中医正骨疗法（田氏正骨疗法）	淄博高新（田氏）骨伤医院	第四批	
	55	姜太公传说	淄博市临淄区文化馆	第五批	
	56	木雕（红木雕刻）	山东福王家具有限公司	第五批	
	57	剪纸（齐氏剪纸）	沂源县文化馆	第五批	
	58	博山琉璃刻绘	淄博德胜陶琉文化传播有限公司	第五批	
	59	博山窑陶瓷雕塑	淄博瓷人杨陶艺有限公司	第五批	
	60	淄博镶嵌	淄博尊峰镶嵌艺术老琉璃博物馆	第五批	
	61	景德东糕点制作技艺	淄博市博山景德东食品有限公司	第五批	

续表

属地	序号	项目名称	保护单位	省级项目批次	国家级项目批次
淄博	62	酱油酿造技艺（朱家老酱油酿造技艺）	沂源源润食品有限公司	第五批	
	63	知味斋清香肉制作技艺	山东知味斋餐饮娱乐有限公司	第五批	
	64	临淄酒传统酿造技艺	淄博中轩酒业有限公司	第五批	
	65	淄博铜瓷	淄博市淄川区铜合居艺术工作室	第五批	
	66	信芳园传统酿造技艺	山东玉兔食品股份有限公司	第五批	
	67	琉璃烧制技艺（博山胭脂红琉璃烧制技艺）	山东金祥琉璃文化艺术有限公司	第五批	
	68	酒传统酿造技艺（王村黄酒酿造技艺）	山东华王酿造有限公司	第五批	
	69	明清民居营造技艺	鸣世天官府（山东）文化产业有限公司	第五批	
	70	山东传统修脚术	淄博足益生足部护理服务有限公司	第五批	
	71	徐氏祖传追风逐湿膏制作技艺	淄博市临淄区文化馆	第五批	
	72	中医诊疗法（廉氏中医三联疗法）	淄博高新区仁盛中医药研究所	第五批	
	73	痛消接骨膏制作技艺	淄博高新（田氏）骨伤医院	第五批	
枣庄	1	鲁班传说	滕州市非物质文化遗产保护中心	第一批	第二批
	2	女娲神话	枣庄市群众艺术馆	第一批	
	3	伏里土陶	枣庄市山亭区伏里土陶艺术研究所	第一批	
	4	滕县松枝鸟	滕州市界河镇西西曹村村民委员会	第一批	
	5	洛房泥玩具	枣庄市薛城区常庄镇文化站	第一批	
	6	鲁南花鼓	枣庄市台儿庄区文化馆	第一批	

属地	序号	项目名称	保护单位	省级项目批次	国家级项目批次
枣庄	7	柳琴戏	枣庄市艺术剧院	第一批	第一批
	8	山亭皮影戏	枣庄市山亭区文化馆	第一批	
	9	鼓儿词	枣庄市市中区文化馆	第一批	
	10	奚仲造车传说	枣庄市薛城区奚仲文化促进会	第二批	
	11	奚仲造车传说	枣庄市滕州市张汪镇文化站	第二批	
	12	薛城唢呐	枣庄市薛城区唢呐艺术协会	第二批	
	13	独杆轿	枣庄市峄城区坛山街道办事处	第二批	
	14	四蟹抢船	枣庄市市中区税郭镇文化站	第二批	
	15	大洪拳	滕州市荆河街道五里屯村村民委员会	第二批	
	16	枣庄民间缝绣技艺	枣庄市群众艺术馆	第二批	
	17	滕州张汪竹木玩具制作技艺	滕州市张汪镇南陶庄村村民委员会	第二批	
	18	枣庄市薛城庞庄麦秸手编技艺	枣庄市薛城区沙沟镇庞庄村村民委员会	第二批	
	19	运河船工号子（枣庄运河号子）	枣庄市台儿庄区文化馆	第二批	
	20	山东琴书	枣庄市山亭区文化馆	第二批	
	21	灯舞（人灯）	枣庄市薛城区文化馆	第三批	
	22	灯舞（骰牌灯）	枣庄市薛城区文化馆	第三批	·
	23	枣庄砂陶烧制技艺	枣庄市市中区文化馆	第三批	
	24	石榴盆景栽制技艺	枣庄市峄城区文化馆	第三批	
	25	运河梁氏石刻脸谱	枣庄市台儿庄区文化馆	第四批	
	26	传统古琴制作技艺（传统古琴制作技艺）	枣庄市图书馆	第四批	
	27	齐村古陶窑建造技艺	枣庄市市中区文化馆	第四批	

属地	序号	项目名称	保护单位	省级项目批次	国家级项目批次
枣庄	28	唢呐艺术（峄县唢呐）	枣庄市峄城区文化馆	第四批	
	29	年画（滕县木版年画）	滕州市文化馆	第四批	
	30	峄县传统青铜器技艺	枣庄市峄城区文化馆	第四批	
	31	毛笔制作技艺（阴平毛笔制作技艺）	枣庄市峄城区文化馆	第四批	
	32	中医正骨疗法（生氏正骨术）	滕州市文化馆	第四批	
	33	唢呐艺术（鲁南鼓吹乐）	山东省滕州市文化馆	第五批	
	34	枣庄泥塑	枣庄市金潮雕塑艺术有限公司	第五批	
	35	传统手工蚕丝制作技艺	枣庄谭氏丝绸有限公司	第五批	
	36	鲁班锁制作技艺	滕州鲁班天工木艺有限公司	第五批	
	37	粉皮制作技艺（阴平石泉粉皮制作技艺）	峄城区文化馆	第五批	
	38	松花蛋制作技艺	山东微山湖万盛德食品有限公司	第五批	
	39	台儿庄蚕丝被制作技艺	枣庄市云英家居纺织有限公司	第五批	
	40	传统皮具制作技艺（牛皮具牛蜡制作技艺）	山东省滕州市文化馆	第五批	
	41	肉食传统制作技艺（枣庄辣子鸡烹饪技艺）	枣庄市烹饪餐饮业协会	第五批	
	42	蓝印花布印染技艺（泥沟青花布印染技艺）	枣庄市台儿庄区泥沟镇青花布民俗陈列馆	第五批	
东营	1	陈官短穗花鼓	广饶县文化馆	第一批	第二批
	2	吕剧	东营市东营区文化馆	第一批	第二批
	3	吕剧	广饶县吕剧团	第一批	
	4	盐垛斗虎	东营市东营区龙居镇文化站	第二批	

属地	序号	项目名称	保护单位	省级项目批次	国家级项目批次
东营	5	枣木杠子乱弹	广饶县大王镇枣木杠子乱弹剧团	第二批	
	6	垦利县黄河口民间草编技艺	东营市垦利区西宋乡邵家村	第二批	
	7	孙斗跑驴	广饶县文化馆	第三批	
	8	广饶齐笔制作技艺	广饶县文化馆	第三批	
	9	虎斗牛	利津县文化馆	第四批	
	10	传统面食制作工艺（利津水煎包制作技艺）	利津县文化馆	第四批	
	11	锣鼓艺术（垦利锣鼓）	东营市垦利区文化活动中心	第五批	
	12	花棍舞（牛庄霸王鞭）	东营市东营区牛庄镇文化综合服务中心	第五批	
	13	地弓拳	广饶县广饶街道文化综合服务中心	第五批	
	14	面塑（杨氏面塑）	东营市河口区文化馆	第五批	
	15	布玩具（刘氏布偶）	惠风堂文化传承（山东）有限公司	第五批	
	16	旗袍制作技艺	东营市东派制衣有限公司	第五批	
	17	龙居丸子制作技艺	东营市东营区龙居镇文化综合服务中心	第五批	
	18	广饶肴驴肉制作技艺	广饶县广饶街道文化综合服务中心	第五批	
	19	陶器烧制技艺（泥陶手工技艺）	东营王庄旅游产业发展有限公司	第五批	
	20	酒传统酿造技艺（黄氏酒坊酿酒技艺）	东营黄氏酒坊有限公司	第五批	
	21	贾氏一指正骨诊疗法	广饶经济开发区文化综合服务中心	第五批	
	22	红光祭海节	东营市现代渔业示范区管理委员会	第五批	
烟台	1	八仙传说	烟台市蓬莱区文化馆	第一批	第二批

属地	序号	项目名称	保护单位	省级项目批次	国家级项目批次
烟台	2	烟台剪纸	烟台市群众艺术馆	第一批	第二批
	3	掖县滑石雕刻	莱州市文化馆	第一批	第二批
	4	胶东道教音乐	烟台市群众艺术馆	第一批	第二批
	5	长岛渔号	烟台市蓬莱区文化馆	第一批	第二批
	6	大杆号吹奏乐	烟台市蓬莱区文化艺术发展中心	第一批	
	7	海阳大秧歌	海阳市文化馆	第一批	第一批
	8	栖霞八卦鼓舞	栖霞市文化馆	第一批	第二批
	9	蓝关戏	莱州市文化馆	第一批	第二批
	10	胶东大鼓	烟台市群众艺术馆	第一批	第一批
	11	黄金溜槽碓石砌灶冶炼技艺	招远市阜山镇九曲蒋家村村民委员会	第一批	第二批
	12	龙口粉丝传统手工生产	烟台双塔食品股份有限公司	第一批	第四批
	13	莱州草辫技艺	莱州市文化馆	第一批	第二批
	14	鲁菜烹饪技艺	烟台市福山区烹饪协会	第一批	
	15	渔灯节	烟台经济技术开发区文化馆	第一批	第二批
	16	螳螂拳	莱阳市文化馆	第一批	第二批
	17	徐福传说	龙口市徐福研究会办公室	第二批	
	18	丘处机传说	栖霞市文化馆	第二批	
	19	福山雷鼓	烟台市福山区非物质文化遗产保护中心	第二批	
	20	吴氏太极拳	莱州市振武武馆	第二批	
	21	戚家拳	烟台市蓬莱区文化艺术发展中心	第二批	
	22	黄县窗染花	龙口市民间文艺家协会	第二批	
	23	棒槌花边技艺	栖霞市银迪艺品厂	第二批	
	24	长岛木帆船制造技艺	烟台市蓬莱区砣矶镇人民政府	第二批	

属地	序号	项目名称	保护单位	省级项目批次	国家级项目批次
烟台	25	黄县民居雕刻技艺	龙口市博物馆古建装潢有限公司	第二批	
	26	长岛显应宫妈祖祭典	烟台市蓬莱区文化馆	第二批	
	27	胶东花饽饽习俗	烟台市群众艺术馆	第二批	
	28	胶东大鼓	栖霞市文化馆	第二批	
	29	螳螂拳	栖霞市螳螂拳协会	第二批	第三批
	30	灯舞（戏灯穿花）	栖霞市文化馆	第三批	
	31	长岛砣矶砚雕刻技艺	烟台市蓬莱区文化馆	第三批	
	32	莱州毛笔制作技艺	莱州市文化馆	第三批	
	33	福山大面制作技艺	烟台市福山区文化馆	第三批	
	34	莱阳豆面灯碗习俗	莱阳市文化馆	第三批	
	35	梅花摔手螳螂拳	烟台市牟平区文化馆	第三批	
	36	牟平棒槌花边	烟台市牟平区文化馆	第三批	
	37	黄县柳条膏制作技艺	龙口市文化馆	第三批	
	38	民间习俗（蓬莱阁庙会）	蓬莱区文化艺术发展中心	第四批	
	39	民间习俗（毓璜顶庙会）	烟台市园林管理处	第四批	
	40	螳螂拳	海阳市文化馆	第四批	
	41	剪纸（烟台剪纸）	栖霞市文化馆	第四批	
	42	鲁绣（烟台绒绣）	烟台华艺绒绣有限责任公司	第四批	第五批（合并申报）
	43	中医传统制剂方法（明通万应膏药制作技艺）	招远市益生堂大药房	第四批	
	44	中医传统制剂方法（中亚至宝三鞭丸制作技艺）	烟台中亚医药保健酒有限公司	第四批	

属地	序号	项目名称	保护单位	省级项目批次	国家级项目批次
烟台	45	民间习俗（胶东花饽饽习俗）	栖霞市文化馆	第四批	
	46	民间习俗（胶东花饽饽习俗）	莱州市昭泰食品有限公司	第四批	
	47	民间习俗（胶东花饽饽习俗）	烟台市牟平区文化馆	第四批	
	48	麻姑传说	烟台市牟平区文化馆	第五批	
	49	养马岛传说	烟台市牟平区文化馆	第五批	
	50	鹌子斗鳖	栖霞市文化馆	第五批	
	51	胶东蹦蹦戏	莱州市文化馆	第五批	
	52	粉丝制作技艺（龙口粉丝传统制作技艺）	烟台聚兴昌食品有限公司	第五批	
	53	蓬莱小面制作技艺	烟台市蓬莱区非物质文化遗产保护研究会	第五批	
	54	砂大碗制作技艺	栖霞市文化馆	第五批	
	55	莱阳茌（慈）梨膏制作技艺	莱阳市文化馆	第五批	
	56	锡镶壶制作技艺	烟台市海阳荣康工艺品厂	第五批	
	57	福山烧小鸡制作技艺	烟台福山大面餐饮有限公司	第五批	
	58	海阳绿茶制作技艺	海阳市步鹤山茶果专业合作社	第五批	
	59	泥草房民居建造技艺	栖霞市文化馆	第五批	
	60	莱州梅花盆景技艺	莱州市宏顺梅花研究所	第五批	
	61	鲁菜烹饪技艺	烟台市烹饪餐饮行业协会	第五批	
	62	豆腐传统制作技艺（五巧豆腐制作技艺）	烟台龙泉苗都山水农产品专业合作社	第五批	
	63	太极拳（经梧传陈式太极拳）	莱州市经梧太极拳会馆	第五批	
	64	鲁绣（蓬莱博绣）	烟台市蓬莱区文化馆	第五批	

属地	序号	项目名称	保护单位	省级项目批次	国家级项目批次
烟台	65	曹氏传统修脚术	烟台曹一刀修脚服务有限公司	第五批	
	66	杜氏烧烫伤疗法	莱州市沙河镇杜敏诚中医诊所	第五批	
	67	祭海	海阳市文化馆	第五批	
	68	胶东花饽饽习俗	烟台市莱山区文化馆	第五批	
潍坊	1	秃尾巴老李传说	诸城市文化馆	第一批	第二批
	2	杨家埠木版年画	潍坊市寒亭区非物质文化遗产保护中心	第一批	第一批
	3	高密扑灰年画	高密市文化馆	第一批	第一批
	4	聂家庄泥塑	高密市民间艺术中心	第一批	第二批
	5	高密剪纸	高密市非物质文化遗产保护中心	第一批	第二批
	6	潍坊核雕	潍坊市艺术馆	第一批	第二批
	7	诸城派古琴	诸城市文化馆	第一批	第二批
	8	茂腔	高密市茂腔剧团	第一批	第一批
	9	潍坊风筝	潍坊市寒亭区非物质文化遗产保护中心	第一批	第一批
	10	潍坊嵌银漆器	潍坊市非物质文化遗产保护中心	第一批	第三批
	11	柳疃丝绸技艺	昌邑市非物质文化遗产保护中心	第一批	
	12	潍坊刺绣	潍坊市艺术馆	第一批	
	13	景芝酒传统酿造技艺	山东景芝酒业股份有限公司	第一批	第五批
	14	大舜传说	诸城市文化馆	第二批	第三批
	15	公冶长传说	诸城市文化馆	第二批	
	16	公冶长传说	安丘市非物质文化遗产保护中心	第二批	

属地	序号	项目名称	保护单位	省级项目批次	国家级项目批次
潍坊	17	柳毅传说	潍坊市寒亭区非物质文化遗产保护中心	第二批	第三批
	18	挫琴	青州市非物质文化遗产保护中心	第二批	
	19	地秧歌	高密市非物质文化遗产保护中心	第二批	
	20	小章竹马	昌邑市文化馆	第二批	
	21	月宫图	寿光市文化馆	第二批	
	22	闹海	寿光市文化馆	第二批	
	23	周姑戏	临朐县文化馆	第二批	
	24	东路大鼓	安丘市非物质文化遗产保护中心	第二批	
	25	孙膑拳	安丘市青云山武术馆	第二批	第三批
	26	青州花毽	青州市非物质文化遗产保护中心	第二批	第三批
	27	高密半印半画年画	高密市非物质文化遗产保护中心	第二批	
	28	青州府花边大套	青州市鲁绣抽纱有限公司	第二批	
	29	潍坊仿古青铜器铸造技艺	潍坊市艺术馆	第二批	
	30	潍坊市奎文区仿古铜印铸造技艺	潍坊市奎文区文年斋工作室	第二批	
	31	高密菜刀工艺	高密市常发刀具厂	第二批	
	32	桑皮纸制作技艺	临朐县文化馆	第二批	
	33	青州井塘村石砌房民居建筑技艺	青州市王府街道办事处井塘村村民委员会	第二批	
	34	宏源白酒传统酿造技艺	寿光市山东宏源股份有限公司	第二批	
	35	崔字小磨香油制作工艺	潍坊市瑞福油脂调料有限公司	第二批	

属地	序号	项目名称	保护单位	省级项目批次	国家级项目批次
	36	董家骨科正骨疗法	安丘市董家骨科诊所	第二批	
	37	青州八角鼓	青州市非物质文化遗产保护中心	第二批	
	38	李左车传说	安丘市文化馆	第三批	
	39	百鸟朝凤	寿光市文化馆	第三批	
	40	阴阳鼓	潍坊市文化馆	第三批	
	41	地龙经拳	高密市文化馆	第三批	
	42	地功拳	安丘市文化馆	第三批	
	43	潍县布玩具	潍坊市寒亭区文化馆	第三批	
	44	临朐红丝砚制作技艺	临朐县文化馆	第三批	
	45	青州红丝砚制作技艺	青州市文化馆	第三批	
	46	昌邑土陶烧制技艺	昌邑市文化馆	第三批	
潍坊	47	木杆秤制作技艺	安丘市文化馆	第三批	
	48	青州剪刀锻制技艺	青州市文化馆	第三批	
	49	梦金园金首饰制作技艺	昌乐县文化馆	第三批	
	50	卤水制盐技艺	寿光市文化馆	第三批	第四批
	51	乾隆杯酒传统酿造技艺	昌邑市文化馆	第三批	
	52	云门春酒传统酿造技艺	青州市文化馆	第三批	
	53	潍坊朝天锅制作技艺	潍坊市奎文区文化馆	第三批	
	54	隆盛糕点制作技艺	青州市文化馆	第三批	
	55	东镇沂山祭仪	临朐县文化馆	第三批	第四批
	56	安丘查拳	安丘市文化馆	第三批	
	57	安丘泥人	安丘市文化馆	第三批	

属地	序号	项目名称	保护单位	省级项目批次	国家级项目批次
潍坊	58	酒祖传说	山东省景芝酒业股份有限公司	第四批	
	59	姜太公传说	昌乐县文化馆	第四批	
	60	洼子跑麒麟	临朐县文化馆	第四批	
	61	传统古琴制作技艺（诸城派古琴斫琴技艺）	诸城市文化馆	第四批	
	62	锢艺	潍坊市非物质文化遗产保护中心	第四批	
	63	院庄风箱手工技艺	安丘市顺江风箱加工厂	第四批	
	64	民间习俗（寿光蔬菜生产习俗）	山东省寿光蔬菜产业控股集团有限公司	第四批	
	65	民间习俗（青州宣卷）	青州市非物质文化遗产保护中心	第四批	
	66	民间信俗（孙膑崇拜）	昌邑市文化馆	第四批	
	67	年画（临朐手绘年画）	临朐县文化馆	第四批	
	68	年画（安丘木版年画）	安丘市张殿英年画馆	第四批	
	69	昌邑砖雕	昌邑绿博鑫鼎古建工程有限公司	第四批	
	70	茧绸织染技艺	潍坊海孚丝绸有限公司	第四批	
	71	肉食传统制作技艺（临朐全羊制作工艺）	潍坊旭光全羊餐饮服务有限公司	第四批	
	72	中医正骨疗法（华疃正骨）	潍坊市尊一骨伤病研究所	第四批	
	73	留山传说	山东学海农林集团有限公司	第五批	
	74	仓颉造字的传说	寿光仓颉研究会	第五批	
	75	嫦娥奔月的传说	潍坊市寒亭区文化馆	第五批	
	76	杞国的故事	潍坊市坊子区文化馆	第五批	
	77	苏东坡在密州的传说	诸城市非物质文化遗产保护协会	第五批	

属地	序号	项目名称	保护单位	省级项目批次	国家级项目批次
潍坊	78	茂腔（诸城茂腔）	诸城市非物质文化遗产保护协会	第五批	
	79	渔鼓（渔鼓书）	临朐县文化馆	第五批	
	80	九五拳	高密市九五国术馆	第五批	
	81	太祖长拳	临朐县武术协会	第五批	
	82	潍坊四通捶拳	潍坊市潍城区玉亭四通捶培训中心	第五批	
	83	尚派形意拳	安丘市形意拳研究会	第五批	
	84	麻布绒绣	潍坊市文化馆（潍坊市非物质文化遗产保护中心）	第五批	
	85	焚香烙画	青州市非物质文化遗产保护中心	第五批	
	86	农民画（青州农民画）	青州市文学艺术界联合会	第五批	
	87	葫芦烙画	潍坊福禄堂烙画艺术交流中心有限公司	第五批	
	88	木版年画（高密木版年画）	高密市人文资源开发研究中心	第五批	
	89	葫芦雕刻	寿光市葫芦世家农业开发有限公司	第五批	
	90	潍县糕点制作技艺	潍坊海狮暖家食品有限公司	第五批	
	91	诸城绿茶制作技艺	诸城市非物质文化遗产保护协会	第五批	
	92	古琴制作技艺	潍坊市石琴山房古琴艺术中心	第五批	
	93	高密大红纸制作工艺	高密市上德文化发展有限公司	第五批	
	94	毛笔制作技艺（同文堂毛笔制作技艺）	昌邑市同文堂文教用品有限公司	第五批	
	95	恒盛斋点心制作技艺	潍坊恒盛斋食品有限公司	第五批	
	96	酒传统酿造技艺（山果酒酿造技艺）	青州市仰天山果酒业有限公司	第五批	

属地	序号	项目名称	保护单位	省级项目批次	国家级项目批次
潍坊	97	乐春传统面食制作技艺	昌邑乐春老面大馍馍有限公司	第五批	
	98	殷氏金铠甲正骨	山东金铠甲医药科技有限公司	第五批	
	99	中医正骨疗法（永胜堂中医骨伤疗法）	潍坊经典中医针灸推拿职业培训学校	第五批	
济宁	1	梁祝传说	济宁市梁祝文化研究会	第一批	第一批
	2	麒麟传说	嘉祥县文化馆	第一批	第二批
	3	孟母教子传说	曲阜市非物质文化遗产保护中心	第一批	
	4	孟母教子传说	邹城市文化馆	第一批	第四批
	5	鲁班传说	曲阜市文化馆	第一批	第二批
	6	孔子诞生传说	曲阜市非物质文化遗产保护中心	第一批	
	7	闵子骞传说	鱼台县非物质文化遗产保护中心	第一批	
	8	曲阜楷木雕刻	曲阜市文化馆	第一批	第二批
	9	嘉祥石雕	嘉祥县石雕艺术家协会	第一批	第二批
	10	鲁西南鼓吹乐	嘉祥县文化馆	第一批	第一批
	11	邹城平派鼓吹乐	邹城市文化馆	第一批	第二批
	12	阴阳板	邹城市文化馆	第一批	第五批
	13	端公腔	微山县文化馆	第一批	第三批
	14	柘砚制作技艺	泗水县文化馆	第一批	
	15	孔府菜烹饪技艺	曲阜市孔府菜烹饪技艺研究所	第一批	第三批
	16	梁山武术	梁山县武术协会	第一批	
	17	祭孔大典	曲阜市文化馆	第一批	第一批
	18	鲁西南民间织锦技艺	嘉祥县鲁锦协会	第一批	第二批

属地	序号	项目名称	保护单位	省级项目批次	国家级项目批次
济宁	19	山东梆子	嘉祥县山东梆子剧团	第一批	第二批
	20	山东梆子	梁山县非物质文化遗产保护中心	第一批	
	21	四平调	金乡县文化馆	第一批	第二批
	22	柳下惠传说	济宁市兖州区文化馆	第二批	
	23	箫韶乐舞	曲阜市文化馆	第二批	
	24	火虎	邹城市文化馆	第二批	
	25	山东渔鼓	汶上县非物质文化遗产保护中心	第二批	
	26	梅花拳	梁山县梅花拳协会	第二批	第五批
	27	文圣拳	汶上县非物质文化遗产保护中心	第二批	
	28	子午门	梁山县梁山功夫研究院	第二批	
	29	微山渔家虎头服饰	微山县渔家虎头服饰工作室	第二批	
	30	曲阜大庄绢花制作技艺	曲阜市非物质文化遗产保护中心、绢花艺术研究所	第二批	
	31	曲阜尼山砚制作技艺	曲阜市非物质文化遗产保护中心	第二批	
	32	桑皮纸制作技艺	曲阜市纸坊村村民委员会	第二批	
	33	曲阜琉璃瓦制作技艺	曲阜市琉璃瓦厂	第二批	第四批
	34	玉堂酱菜制作技艺	济宁玉堂酱园有限责任公司	第二批	
	35	汶上梆子	汶上县梆子剧团	第二批	
	36	山东落子	金乡县文化馆	第二批	第四批
	37	嘉祥县马村镇李庄村彩印花布	嘉祥县马村镇李庄村村民委员会	第二批	
	38	嘉祥县仲山乡山屯村蓝印花布	嘉祥县仲山乡狼山东村村民委员会	第二批	
	39	颜子传说	曲阜市文化馆	第三批	

属地	序号	项目名称	保护单位	省级项目批次	国家级项目批次
济宁	40	水浒传说	梁山县文化馆	第三批	
	41	梅花桩舞狮子	梁山县文化馆	第三批	
	42	拓片制作技艺	曲阜市文化馆	第三批	
	43	曲阜扶兴和毛笔制作技艺	曲阜市文化馆	第三批	
	44	徐弓坊弓箭制作技艺	曲阜市文化馆	第三批	
	45	孔府家酒传统酿造技艺	曲阜市文化馆	第三批	
	46	尚寨竹马	邹城市文化馆	第三批	
	47	山头花鼓	邹城市文化馆	第三批	
	48	济宁面塑	济宁市任城区文化馆	第三批	
	49	二仙膏古法制作技艺	济宁市文化馆	第三批	第四批
	50	鸡黍之约	金乡县文化馆	第四批	
	51	软弓京胡	邹城市文化馆	第四批	
	52	花棍舞	济宁市兖州区文化馆	第四批	
	53	山东清音	鱼台县文化馆	第四批	
	54	民间习俗（峄山会）	邹城市文化馆	第四批	
	55	唢呐艺术（小铜唢呐）	济宁市任城区文化馆	第四批	
	56	山东梆子	济宁市山东梆子剧院有限责任公司	第四批	
	57	山东花鼓（金乡花鼓）	金乡县文化馆	第四批	
	58	渔鼓	金乡县文化馆	第四批	
	59	张鲁查拳	济宁市任城区文化馆	第四批	
	60	剪纸（泗水民间剪纸）	泗水县文化馆	第四批	
	61	木雕（汶上郭氏木雕）	济宁市汶上县文化馆	第四批	

属地	序号	项目名称	保护单位	省级项目批次	国家级项目批次
济宁	62	中医传统制剂方法（小儿牛黄清心散古法生产制作技艺）	山东方健制药有限公司	第四批	
	63	孔尚任的传说	曲阜市文化馆	第五批	
	64	猫蝶富贵	金乡县文化馆	第五批	
	65	坠子戏	金乡县文化馆	第五批	
	66	枣梆	梁山县晨光枣梆剧团	第五批	
	67	平调	济宁市曲艺家协会	第五批	
	68	岭儿调	济宁市曲艺家协会	第五批	
	69	八角鼓	济宁市艺术创作研究所	第五批	
	70	鼓儿词（石门小鼓）	邹城市文化馆	第五批	
	71	坠子书	金乡县文化馆	第五批	
	72	木雕（嘉祥木雕）	山东周广胜木雕有限公司	第五批	
	73	木雕（金乡木雕）	金乡县文化馆	第五批	
	74	建筑彩绘（古建油漆彩绘）	曲阜市园林古建筑工程有限公司	第五批	
	75	木版年画（鱼台木版年画）	鱼台县文化馆	第五批	
	76	刘氏民族乐器制作技艺	济宁市文化馆	第五批	
	77	绾结葫芦技艺	嘉祥县元彩艺术葫芦种植合作社	第五批	
	78	柘沟民间制陶工艺	泗水县文化馆	第五批	
	79	水浒菜烹饪技艺	梁山县杏花村文化发展有限公司	第五批	
	80	董氏古兵器制作技艺	济宁董氏武术器材有限公司	第五批	
	81	拓片制作技艺	济宁市任城区汉文化博物馆	第五批	
	82	曲阜刘氏古建筑木作营造技艺	山东金德建筑工程有限公司	第五批	

属地	序号	项目名称	保护单位	省级项目批次	国家级项目批次
济宁	83	陶器烧制技艺（儒苑青陶制作技艺）	济宁市任城区非物质文化遗产保护协会	第五批	
	84	拳铺李家驴肉制作技艺	梁山同军驴肉有限公司	第五批	
	85	三两三白鸡膏正骨疗法	金乡县文化馆	第五批	
	86	祭孟大典	邹城市非遗传承中心	第五批	
泰安	1	泰山道教音乐	泰安市道教协会	第一批	第二批
	2	腊山道教音乐	东平县道教协会	第一批	第二批
	3	百兽图	新泰市文化馆	第一批	
	4	独杆跷	新泰市文化馆	第一批	第二批
	5	逛荡灯	新泰市文化馆	第一批	
	6	四音戏	东平县文化馆	第一批	
	7	山东梆子	泰安市山东梆子剧团	第一批	第二批
	8	泰山皮影戏	泰安市泰山皮影艺术保护研究中心	第一批	第二批
	9	宁阳木偶戏	宁阳县文化馆	第一批	
	10	端公腔	东平县曲艺团	第一批	第三批
	11	宁阳端午彩粽习俗	宁阳县文化馆	第一批	
	12	泰山石敢当习俗	泰安市泰山管理委员会	第一批	第一批
	13	桃木雕刻民俗	肥城市非物质文化遗产保护中心	第一批	
	14	泰山东岳庙会	泰安市旅游协会	第一批	第二批
	15	泰山封禅与祭祀习俗	泰安市风景名胜区管理委员会	第一批	
	16	范蠡与陶山的故事	肥城市非物质文化遗产保护中心	第二批	
	17	大禹治水的传说	宁阳县文化馆	第二批	

属地	序号	项目名称	保护单位	省级项目批次	国家级项目批次
泰安	18	东平硪号子	东平县非物质文化遗产保护中心	第二批	
	19	子午门	东平县非物质文化遗产保护中心	第二批	
	20	徐家拳	新泰市文化馆	第二批	第四批
	21	泰山泥塑	泰安市岱岳区文化馆	第二批	
	22	安驾庄梁氏正骨疗法	肥城市安驾庄梁氏骨科医院	第二批	
	23	宁阳斗蟋	宁阳县文化馆	第二批	
	24	泰山传说	泰安市泰山研究院　泰安市艺术馆	第二批	第三批
	25	水浒传说	东平县文化馆	第三批	
	26	泰山驴油火烧制作技艺	泰安市文化馆	第三批	
	27	泰安豆腐制作技艺	泰安市泰山区文化馆	第三批	第五批
	28	东岳大帝与碧霞元君信俗	泰安市文化馆	第三批	
	29	柳下惠传说	新泰市文化馆	第三批	
	30	孟氏正骨疗法	新泰市文化馆	第三批	第四批
	31	肥桃传说	肥城市非物质文化遗产保护协会	第四批	
	32	泰山水陆画	泰山画像研究院	第四批	
	33	尚氏锢艺	肥城市非物质文化遗产保护协会	第四批	
	34	泰山封禅御宴	泰安行宫御膳文化产业有限公司	第四批	
	35	泰山香传统制作技艺	泰山香文化研究院	第四批	
	36	民间食俗（泰山豆腐宴食俗）	泰安市东岳泰山豆腐宴文化研究院	第四批	
	37	民间信俗（泰山玉习俗）	泰安市岱岳区文化馆	第四批	

属地	序号	项目名称	保护单位	省级项目批次	国家级项目批次
泰安	38	民间信俗（泰山祭祀习俗）	泰安市艺术馆	第四批	
	39	拓片制作技艺（泰山石刻碑拓技艺）	泰安市非物质文化遗产博物馆	第四批	
	40	酒传统酿造技艺（泰山酒传统酿造技艺）	泰山酒业集团股份有限公司	第四批	
	41	中医传统制剂方法（孟氏接骨膏制作技艺）	新泰孟氏医院	第四批	
	42	中医正骨疗法（王氏正骨）	泰安市王氏正骨研究院	第四批	
	43	山东柳琴	新汶矿业集团有限责任公司工会委员会	第五批	
	44	泰山舞狮	泰安市泰山区文化馆	第五批	
	45	指墨画（陈氏指画）	新泰市文化馆	第五批	
	46	面塑（泰山石家面塑）	泰安市文化馆（泰安市非物质文化遗产保护中心）	第五批	
	47	木雕（肥城桃木雕刻）	肥城市正港木业工艺品厂	第五批	
	48	东平湖莲子彩绘工艺	东平县非物质文化遗产保护协会	第五批	
	49	石雕（泰山石刻）	泰安市泰山石敢当文化发展研究院	第五批	
	50	糖塑（泰山糖画）	泰安市泰山糖画艺术研究院	第五批	
	51	泰山茶制作技艺	泰山茶文化有限公司	第五批	
	52	肥城聂氏铜器铸造技艺	泰安市龙藏深泉商贸有限公司	第五批	
	53	西御道老汤鸡制作技艺	泰安御道韩氏食品有限公司	第五批	
	54	彩山特曲传统酿造技艺	宁阳县文化馆	第五批	
	55	玉氏鸿叶旗袍制作技艺	山东玉叶制衣有限公司	第五批	

属地	序号	项目名称	保护单位	省级项目批次	国家级项目批次
泰安	56	传统面食制作技艺（得膳斋清真糕点制作技艺）	泰安市泰山区得膳中式糕点斋	第五批	
	57	翟氏正骨	新泰翟氏中医医院有限公司	第五批	
	58	瑞泽堂王氏膏方	肥城市文化馆	第五批	
	59	宁阳四八宴席与酒礼	宁阳县文化馆	第五批	
威海	1	秃尾巴老李传说	威海市文登区文化馆	第一批	第二批
	2	渔民开洋、谢洋节	荣成市人和镇院夼村村民委员会	第一批	第二批
	3	海草房民居建筑技艺	荣成市非物质文化遗产保护中心	第一批	
	4	秦始皇东巡传说	荣成市非物质文化遗产保护中心	第二批	
	5	石岛渔家大鼓	荣成市非物质文化遗产保护中心	第二批	
	6	牛郎棍	乳山市非物质文化遗产保护中心	第二批	
	7	威海剪纸	威海市群众艺术馆	第二批	
	8	鲁绣	文登区非物质文化遗产保护中心	第二批	第五批（合并申报）
	9	威海锡镶技艺	威海市环翠区非物质文化遗产保护中心	第二批	
	10	蟝子虾酱制作技艺	荣成市非物质文化遗产保护中心	第二批	
	11	糖瓜制作技艺	威海市文登区文化馆	第二批	
	12	胶东花饽饽习俗	威海市文登区非物质文化遗产保护中心	第二批	
	13	海洋渔号（荣成渔民号子）	荣成市非物质文化遗产保护中心	第二批	
	14	赤山明神传说	荣成市文化馆	第三批	
	15	桲蓬制造技艺	荣成市文化馆	第三批	

属地	序号	项目名称	保护单位	省级项目批次	国家级项目批次
威海	16	海参传统加工技艺	荣成市文化馆	第三批	
	17	胶东饺子食俗	荣成市文化馆	第三批	
	18	"串黄河"风俗	文登区文化馆	第三批	
	19	乳山镂绣	乳山市文化馆	第三批	
	20	文登草编	威海市文登区文化馆	第三批	
	21	尹派宫式八卦拳	威海市尹派宫式八卦拳研究会	第四批	
	22	海产品制作技艺（胶东回水咸鱼干传统制作技艺）	恒茂实业集团有限公司	第四批	
	23	传统锔艺	威海市德轩锔瓷文化发展有限公司	第四批	
	24	民间信俗（成山祭日）	西霞口集团有限公司	第四批	
	25	秧歌（乳山大秧歌）	乳山市文化馆	第四批	
	26	鲁绣（乳山钩织）	乳山市文化馆	第四批	
	27	酒传统酿造技艺（颐阳补酒制作技艺）	威海金颐阳药业有限公司	第四批	
	28	中医正骨疗法（孙氏整骨）	山东省文登整骨医院	第四批	
	29	沙式武术	荣成市文化馆	第五批	
	30	胶东民间山蚕茧古法矿丝技艺	威海市裕红祥丝绸文化馆	第五批	
	31	晒盐技艺（文登海盐制作技艺）	威海市高岛制盐有限公司	第五批	
	32	乳山粉条制作技艺	乳山市文化馆	第五批	
	33	豆面酱制作技艺	山东威高四海酿造有限公司	第五批	
	34	威海海蜇传统加工技艺	好当家集团有限公司	第五批	
	35	许氏特色痔疮调理方法	威海市致之堂中草药研发股份有限公司	第五批	

属地	序号	项目名称	保护单位	省级项目批次	国家级项目批次
威海	36	胶东沿海八仙筵习	山东蓬勃演艺文化传播有限公司	第五批	
	37	文登活报	威海市文登区文化馆（威海市文登区非物质文化遗产保护中心）	第五批	
日照	1	秃尾巴老李传说	莒县文化馆	第一批	第二批
	2	莒县过门笺	莒县文化馆	第一批	第二批
	3	五莲剪纸	五莲县文化馆	第一批	
	4	满江红	日照市东港区文化馆	第一批	第二批
	5	岚山渔民号子	日照市岚山区岚山头街道办事处	第一批	
	6	黄墩皮影戏	日照市岚山区黄墩镇文化站	第一批	
	7	渔民节	日照市东港区北京路街道办事处	第一批	第二批
	8	周姑戏	莒县文化馆	第二批	
	9	五莲割花技艺	五莲县文化馆	第二批	第五批（合并申报）
	10	转秋千会	莒县文化馆	第二批	
	11	孟姜女传说	莒县文化馆	第二批	第三批
	12	日照黑陶烧制技艺	日照市东港区文化馆	第三批	
	13	传统小船制造技艺	日照市东港区文化馆	第三批	
	14	莒县查拳	莒县文化馆	第三批	
	15	高兴线狮	日照市岚山区高兴镇社会事务服务中心	第四批	
	16	大调	日照市东港区文化馆	第四批	
	17	茂腔（五莲茂腔）	五莲县文化馆	第四批	
	18	三庄石雕石刻	日照市东港区文化馆	第四批	
	19	农民画（日照农民画）	日照市美术馆	第五批	

属地	序号	项目名称	保护单位	省级项目批次	国家级项目批次
日照	20	五莲原浆酒传统酿造技艺	五莲银河酒业有限公司	第五批	
	21	日照茶手工炒制技艺	巨峰镇文化旅游	第五批	
	22	唐氏陶瓷修补镶嵌锡器打造技艺	莒县文化馆	第五批	
	23	刘氏盘扣制作技艺	五莲县文化馆	第五批	
	24	浅海传统捕捞技艺（踩高跷推虾皮）	两城街道办事处	第五批	
	25	酱菜制作技艺（京冬菜生产传统工艺）	日照市东港区文化活动中心	第五批	
	26	陶器烧制技艺（日照平面陶烧制技艺）	东港区文化馆	第五批	
	27	大岭牟氏正骨术	日照市文化馆	第五批	
	28	岚山煎饼食俗	岚山头街道文化旅游服务中心	第五批	
临沂	1	卧冰求鲤传说	临沂市兰山区文化馆	第一批	
	2	苍山泥塑	兰陵县兴明乡小郭村村民委员会	第一批	
	3	郯城木旋玩具	郯城县港上镇樊埝后村村民委员会	第一批	第四批
	4	郯马五大调	郯城县文化馆	第一批	第二批
	5	沂蒙山小调	费县文化馆	第一批	
	6	龙灯扛阁	临沂市群众艺术馆	第一批	第三批
	7	柳琴戏	临沂市柳琴剧团	第一批	第二批
	8	蒙山传说	蒙阴县文化馆	第二批	
	9	猴呱嗒鞭	兰陵县文化馆	第二批	
	10	兰陵美酒传统酿造技艺	临沂市山东兰陵美酒股份有限公司	第二批	
	11	苍山县大仲村蓝印花布	兰陵县文化馆	第二批	

属地	序号	项目名称	保护单位	省级项目批次	国家级项目批次
临沂	12	东海孝妇传说	郯城县文化馆	第三批	
	13	灯舞（八仙灯）	蒙阴县文化馆	第三批	
	14	糁制作技艺	临沂市兰山区文化馆	第三批	
	15	鬼谷子传说	平邑县文化馆	第三批	
	16	黑虎查拳	临沂市兰山区文化馆	第三批	
	17	郯城木版年画	郯城县文化馆	第三批	
	18	临沭柳编	临沭县文化馆	第三批	第五批
	19	河东汤河草柳编	临沂市河东区文化馆	第三批	
	20	岱崮传说	蒙阴县文化馆	第四批	
	21	鲁东南吹打乐《小桃红》	临沭县文化馆	第四批	
	22	弦子戏	沂南县文化馆	第四批	
	23	弦子戏	临沂市兰山区文化馆	第四批	
	24	三弦平调	临沂市兰山区文化馆	第四批	
	25	挑花（沂蒙挑花）	平邑县乡情民俗文化传承有限公司	第四批	
	26	茶传统制作技艺（老鹊窝国槐茶制作技艺）	沂南县老鹊窝国槐茶厂	第四批	
	27	传统家谱制作技艺	沂南县氏族文化研究交流中心	第四批	
	28	珠算文化	蒙阴县文化馆	第四批	
	29	沂蒙花鼓调系列民歌	临沂市沂蒙民间音乐研究会	第四批	
	30	姐儿妞	郯城县文化馆	第四批	
	31	剪纸（琅琊剪纸）	临沂市兰山区文化馆	第四批	
	32	剪纸（挂门笺）	郯城县文化馆	第四批	
	33	木雕（根雕）	沂南县文化馆	第四批	

属地	序号	项目名称	保护单位	省级项目批次	国家级项目批次
临沂	34	鲁绣（高桥手绣）	沂水县博物馆	第四批	第五批（合并申报）
	35	鲁绣（莫氏绒绣）	临沭县文化馆	第四批	
	36	彩印花布传统印染技艺	临沂市河东区文化馆	第四批	
	37	酱菜制作技艺（垛庄酱菜传统制作技艺）	蒙阴县文化馆	第四批	
	38	砚台制作技艺（徐公砚制作技艺）	沂南县博物馆	第四批	
	39	陶器烧制技艺（薛家窑泥陶烧制技艺）	莒南县文化馆　莒南县德君陶艺厂	第四批	
	40	中医正骨疗法（仇氏正骨术）	郯城马站骨科医院	第四批	
	41	中医正骨疗法（葛氏正骨法）	莒南秀刚医院	第四批	
	42	颜真卿系列传说	费县文化馆	第五批	
	43	平邑灯谜	平邑县阮风友灯谜策划工作室	第五批	
	44	少年诸葛亮的传说	沂南县文化馆	第五批	
	45	溜山梆子	临沂市兰山区文化馆	第五批	
	46	渔鼓（鲁南渔鼓）	临沂市文化馆	第五批	
	47	面塑（沂蒙面塑）	临沂市文化馆	第五批	
	48	葫芦烙画	平邑县陈庆贵葫芦烙画艺术工作室	第五批	
	49	鲁绣（费县手绣）	费县文化馆	第五批	
	50	王氏羽毛画	兰陵县文化馆	第五批	
	51	沂水桑皮纸制作技艺	沂水县文化馆	第五批	
	52	王氏熟梨制作技艺	山东熟梨王食品有限公司	第五批	
	53	鲁城全羊宴制作技艺	兰陵县文化馆	第五批	

属地	序号	项目名称	保护单位	省级项目批次	国家级项目批次
临沂	54	郯城琅琊草编织技艺	郯城县高大制帽厂	第五批	
	55	中国结传统编织技艺	郯城县文化馆	第五批	
	56	刘氏翻花制作技艺	平邑刘氏工艺品有限公司	第五批	
	57	沂水丰糕制作技艺	沂水县文化馆	第五批	
	58	沂蒙小棉袄制作技艺	沂水县文化馆	第五批	
	59	小磨香油制作技艺（沂蒙孟府小磨香油制作技艺）	兰陵县文化馆	第五批	
	60	罗庄周氏笼窑陶瓷烧制技艺	罗庄区图书馆	第五批	
	61	鲁锦（平邑杨家粗布制作技艺）	平邑县新瑞家纺发展有限公司	第五批	
	62	琅琊古墨制作技艺	琅琊晋墨坊武文化用品有限公司	第五批	
	63	姚家膏药	蒙阴县文化馆	第五批	
	64	段氏德兴堂烧烫伤复原膏制作技艺	临沂市兰山区德兴堂烧烫伤研究所	第五批	
	65	蒙山喜宴	平邑县天天坐席酒店	第五批	
德州	1	东方朔民间传说	德州市陵城区文化馆	第一批	
	2	运河船工号子	武城县文化艺术中心	第一批	
	3	抬花杠	武城县文化艺术中心	第一批	
	4	绣球灯舞	齐河县文化馆	第一批	
	5	一勾勾（四音戏）	临邑县文化馆	第一批	第一批
	6	宁津杂技	宁津县艺术学校	第一批	第二批
	7	德州扒鸡制作技艺	山东德州扒鸡集团有限公司	第一批	第四批
	8	刘备在平原的传说	德州市平原县文化馆	第二批	
	9	德平大秧歌	临邑县文化馆	第二批	
	10	德州古埙制作技艺	德州市陶埙工作室	第二批	

属地	序号	项目名称	保护单位	省级项目批次	国家级项目批次
德州	11	通德醋传统酿造技艺	德州通德酿造有限公司	第二批	
	12	马堤吹腔	夏津县文化馆	第二批	
	13	山东大鼓	夏津县文化馆	第二批	
	14	古琴艺术	德州市文化馆	第三批	
	15	德州跑驴	德州市文化馆	第三批	
	16	德州黑陶烧制技艺	德州市文化馆	第三批	第四批
	17	宁津斗蟋习俗	宁津县文化馆	第三批	
	18	蹦鼓舞	德州市陵城区文化馆	第四批	
	19	木刻刀笔书画	德州市德城区木人堂木艺有限公司	第四批	
	20	西河大鼓	平原县文化艺术中心	第四批	
	21	王家园子醋传统酿造技艺	山东王家园子清真食品酿造有限公司	第四批	
	22	陶器烧制技艺（齐河黑陶制作技艺）	齐河刘浩陶艺研发中心	第四批	
	23	酒传统酿造技艺（古贝春酒传统酿造技艺）	武城县文化艺术中心	第四批	
	24	大禹治水传说	禹城市文化馆	第五批	
	25	黄河号子	齐河县文化馆	第五批	
	26	东路梆子	乐陵市云红街道办事处	第五批	
	27	刘贵哈哈腔	庆云县文化馆	第五批	
	28	戊极大功力拳	德州九龙戊极大功力拳研究推广中心	第五批	
	29	八极拳（禹城八极拳）	禹城市房寺镇骏朋家庭种植农场	第五批	
	30	梢头棍	乐陵市郑店镇人民政府	第五批	
	31	八极拳（吴钟八极拳）	庆云县文化馆	第五批	
	32	金丝彩贴	德州丝路艺术品有限公司	第五批	

属地	序号	项目名称	保护单位	省级项目批次	国家级项目批次
德州	33	剪纸（朔之乡剪纸）	德州市陵城区文化馆	第五批	
	34	陶瓷印章制作技艺	德州市道恒陶瓷制品有限公司	第五批	
	35	永盛斋扒鸡制作技艺	德州永盛斋扒鸡集团有限公司	第五批	
	36	付氏京胡制作技艺	德州市德城区傅荣山琴行	第五批	
	37	傻小二扒鸡制作技艺	德州傻小二康健食品有限公司	第五批	
	38	京胡制作技艺	禹城市金诚美声民族乐器坊	第五批	
	39	蟋蟀罐传统制作技艺	宁津县鬲陶工艺品有限公司	第五批	
	40	大柳面制作技艺	宁津县文化馆	第五批	
	41	夏津鸿熙居布袋鸡制作技艺	德州鸿熙居布袋鸡有限公司	第五批	
	42	"三月三"庙会	德州市陵城区文化馆	第五批	
	43	恩城鸽子会	平原县恩城镇商会	第五批	
滨州	1	董永传说	博兴县文化馆	第一批	第二批
	2	惠民泥塑	惠民县文化馆	第一批	第三批
	3	滨州剪纸	滨州市滨城区文化馆	第一批	第二批
	4	清河镇木版年画	惠民县文化馆	第一批	
	5	吕剧	博兴县吕剧团	第一批	第二批
	6	东路梆子	惠民县文化馆	第一批	
	7	渔鼓戏	滨州市沾化区渔鼓戏剧团	第一批	第二批
	8	扽腔	博兴县扽腔剧团	第一批	
	9	胡集书会	惠民县文化馆	第一批	第一批
	10	黄河号子	滨州市非物质文化遗产保护中心	第二批	
	11	东路大鼓	滨州市滨城区文化馆	第二批	

属地	序号	项目名称	保护单位	省级项目批次	国家级项目批次
滨州	12	东路大鼓	滨州市沾化区古城镇人民政府	第二批	
	13	西河大鼓	无棣县信阳乡人民政府	第二批	
	14	西河大鼓	阳信县文化馆	第二批	
	15	柳编编织技艺	博兴县文化馆	第二批	第三批
	16	博兴草编	博兴县文化馆	第二批	
	17	武定府酱菜制作技艺	滨州市武定府酿造有限公司	第二批	
	18	鼓子秧歌	阳信县文化馆	第一批	第三批
	19	吕剧	滨州市吕剧团	第二批	第三批
	20	滨州市博兴县北关村蓝印花布）	滨州市非物质文化遗产保护中心	第二批	
	21	制鼓技艺	惠民县文化馆	第三批	
	22	锡壶制作技艺	阳信县文化馆	第三批	
	23	滨州锅子饼制作技艺	滨州市滨城区文化馆	第三批	
	24	邹平酸浆豆腐制作技艺	邹平市文化馆	第三批	
	25	燕青拳	滨州市燕青拳武术馆	第四批	
	26	东路梆子	阳信县文化馆	第四批	
	27	程派高氏八卦掌	滨州市程派高氏八卦掌协会	第四批	
	28	葫芦雕刻（王氏葫芦书法微烙）	滨州市文化馆	第四批	
	29	鲁锦（老粗布制作技艺）	山东逸昂家纺有限公司	第四批	
	30	晒盐技艺（渤海海盐滩晒工艺）	无棣县文化馆	第四批	
	31	酒传统酿造技艺（月河老五甑酿酒技艺	山东邹平月河酒业有限公司	第四批	
	32	传统面食制作工艺（纸皮包子手工制作技艺）	邹平市餐饮协会	第四批	

属地	序号	项目名称	保护单位	省级项目批次	国家级项目批次
滨州	33	豆腐传统制作技艺（杜桥豆腐皮制作技艺）	惠民县东方豆制品有限公司	第四批	
	34	中医正骨疗法（徐氏中医正骨）	沾化徐泽三正骨医院	第四批	第五批
	35	中医诊疗法（中医平衡旋转整脊疗法）	山东树斌医院有限公司	第四批	
	36	秧歌（鼓子秧歌）	惠民县文化馆	第五批	
	37	东路大鼓（渤海大鼓）	阳信县文化馆	第五批	
	38	大洪拳	滨州洪拳研究会	第五批	
	39	布玩具（布老虎）	滨州市东寅布塑工艺有限公司	第五批	
	40	木雕（博兴木雕）	山东千乘印象文化产业发展有限公司	第五批	
	41	阳信面塑	阳信县文化馆	第五批	
	42	鲁绣（刺绣）	阳信县文化馆	第五批	
	43	鲁绣（绒绣）	无棣县文化馆	第五批	
	44	沾化枣木雕刻	滨州市沾化区文化馆	第五批	
	45	地毯编织技艺（博兴地毯编织技艺）	博兴县文化馆	第五批	
	46	魏集驴肉制作技艺	惠民县魏集四合院食品有限公司	第五批	
	47	莲花灯制作技艺	滨州市文化馆	第五批	
	48	老粗布纺织技艺	滨州市沾化区文化馆	第五批	
	49	塘坊糕点制作技艺	无棣县文化馆	第五批	
	50	地毯编织技艺（阳信手工地毯编织技艺）	阳信县文化馆	第五批	
	51	中医诊疗法（郑氏中医妇科诊疗法）	滨州郑氏中医妇科医院有限公司	第五批	
	52	中医传统制剂方法（徐氏正骨传统膏药制作技艺）	沾化徐泽三正骨医院	第五批	

属地	序号	项目名称	保护单位	省级项目批次	国家级项目批次
菏泽	1	陶朱公传说	菏泽市定陶区文化馆	第一批	第二批
	2	麒麟传说	巨野县文化馆	第一批	第二批
	3	曹州面人	菏泽市牡丹区文化馆	第一批	第二批
	4	曹县江米人	曹县文化馆	第一批	第二批
	5	鄄城砖塑	鄄城县文物管理所	第一批	第二批
	6	鲁西南鼓吹乐	菏泽市牡丹区文化馆	第一批	第二批
	7	山东古筝乐	菏泽市群众艺术馆	第一批	第二批
	8	菏泽弦索乐	菏泽市群众艺术馆	第一批	第三批
	9	包楞调	成武县文化馆	第一批	
	10	商羊舞	鄄城县文化馆	第一批	第二批
	11	山东梆子	菏泽市戏剧院	第一批	第二批
	12	枣梆	菏泽市戏剧院	第一批	第二批
	13	大弦子戏	菏泽市戏剧院	第一批	第二批
	14	两夹弦	菏泽市定陶区两夹弦剧团	第一批	第二批
	15	大平调	菏泽市牡丹区大平调剧团	第一批	第二批
	16	大平调	东明县大平调剧团	第一批	第二批
	17	四平调	成武县四平调艺术研究中心	第一批	第二批
	18	定陶皮影戏	菏泽市定陶区文化馆	第一批	第二批
	19	山东琴书	菏泽市艺术研究所	第一批	第二批
	20	山东落子	单县文化馆	第一批	第二批
	21	山东花鼓	菏泽市艺术研究所	第一批	第四批
	22	莺歌柳书	菏泽市艺术研究所	第一批	第二批
	23	孔楼杂技	巨野县文化馆	第一批	
	24	鲁锦	鄄城县鲁锦工艺品有限责任公司	第一批	第二批

属地	序号	项目名称	保护单位	省级项目批次	国家级项目批次
菏泽	25	郓城水浒纸牌及雕版印刷工艺	郓城县图书馆	第一批	
	26	郓城古筝制作技艺	郓城县文化馆	第一批	
	27	尧舜传说	菏泽市牡丹区非物质文化遗产保护中心	第二批	第三批
	28	庄子传说	菏泽市东明县文化馆	第二批	第三批
	29	牡丹传说	菏泽市牡丹区非物质文化遗产保护中心	第二批	第三批
	30	伯乐传说	菏泽市成武县文化馆	第二批	
	31	牛屯鼓乐	菏泽市定陶区文化馆	第二批	
	32	羊抵头鼓舞	东明县文化馆	第二批	
	33	担经	鄄城县文化馆	第二批	
	34	担经	成武县文化馆	第二批	
	35	三皇舞	鄄城县文化馆	第二批	
	36	山东渔鼓	单县文化馆	第二批	
	37	小曲子	东明县文化馆	第二批	
	38	大洪拳	菏泽市牡丹区大洪拳协会	第二批	
	39	大洪拳	郓城县宋江武术学校	第二批	
	40	二洪拳	鄄城县二洪拳协会	第二批	
	41	二洪拳	曹县民族武术学校	第二批	
	42	佛汉拳	东明县佛汉拳协会	第二批	第三批
	43	二郎拳	巨野县精英武术武校	第二批	
	44	曹县木雕	曹县云龙木雕工艺有限公司	第二批	第五批
	45	曹县戏文纸扎	曹县民间传统手工技艺研究会	第二批	
	46	曹县龙灯制作技艺	曹县民间传统手工技艺研究会	第二批	

属地	序号	项目名称	保护单位	省级项目批次	国家级项目批次
菏泽	47	柳编编织技艺	曹县民间传统手工技艺研究会	第二批	第三批
	48	成武酱菜制作技艺	菏泽山东鸿方缘食品有限公司	第二批	
	49	接骨膏制作工艺（全鸡接骨膏、活血接骨膏）	曹县同善正骨专科医院	第二批	
	50	仿山山会	菏泽市定陶区文化馆	第二批	
	51	桃源花供	曹县非物质文化遗产保护中心	第二批	
	52	鲁西南鼓吹乐	巨野县文化馆	第二批	第三批
	53	鲁西南鼓吹乐	单县文化馆	第二批	第三批
	54	柳子戏	菏泽市定陶区文化馆	第二批	
	55	两夹弦（北词两夹弦）	郓城县文化馆	第二批	
	56	大平调	成武县大平调剧团	第二批	第三批
	57	山东琴书	郓城县文化馆	第二批	第三批
	58	山东落子	巨野县文化馆	第二批	
	59	东明县大屯镇蓝印花布	东明县大屯镇龙山集村村民委员会	第二批	
	60	孙膑传说	鄄城县文化馆	第三批	
	61	伊尹传说	曹县文化馆	第三批	
	62	郓城高跷	郓城县文化馆	第三批	
	63	精灵皮	单县文化馆	第三批	
	64	撅老四	东明县文化馆	第三批	
	65	坠子	鄄城县文化馆	第三批	
	66	坠子	郓城县文化馆	第三批	
	67	水浒拳	郓城县文化馆	第三批	

属地	序号	项目名称	保护单位	省级项目批次	国家级项目批次
菏泽	68	八卦掌	曹县文化馆	第三批	
	69	曹州堆绣	菏泽市定陶区文化馆	第三批	
	70	曹州绳编	菏泽市定陶区文化馆	第三批	
	71	花冠酒传统酿造技艺	巨野县文化馆	第三批	
	72	曹县烧牛肉传统制作技艺	曹县文化馆	第三批	
	73	单县羊肉汤传统制作技艺	单县文化馆	第三批	
	74	崔楼抬阁	鄄城县文化馆	第三批	
	75	梅花拳	菏泽市定陶区文化馆	第三批	
	76	大洪拳	鄄城县文化馆	第三批	
	77	武术点穴法	东明县文化馆	第四批	
	78	定陶阴阳掌	菏泽市定陶区文化馆	第四批	
	79	东明粮画制作技艺	东明县文化馆	第四批	
	80	北狮皮制作技艺	鄄城县文化馆	第四批	
	81	鲁西南鼓吹乐	成武县文化馆	第四批	
	82	山东古筝乐	郓城县文化馆	第四批	
	83	黄河号子	菏泽市中华文化促进会	第四批	
	84	山东梆子	郓城县文化馆	第四批	
	85	四平调	单县文化馆	第四批	
	86	山东花鼓（花鼓丁香）	单县文化馆	第四批	
	87	坠子	菏泽市艺术馆	第四批	
	88	梅花拳	东明县文化馆	第四批	
	89	旋木	中国鲁锦博物馆	第四批	
	90	刻瓷（刻瓷）	成武县文化馆	第四批	

属地	序号	项目名称	保护单位	省级项目批次	国家级项目批次
菏泽	91	陶器烧制技艺（黄泥古陶制作技艺）	郓城县文化馆	第四批	
	92	中医传统制剂方法（马纪庄眼药制作技艺）	菏泽市定陶区文化馆	第四批	
	93	尧的传说	鄄城县文化馆	第五批	
	94	雷琴艺术	菏泽市琴筝清曲古乐社	第五批	
	95	狮舞（舞狮）	东明县文化馆	第五批	
	96	山东梆子	巨野县山东梆子剧团	第五批	
	97	柳子戏	郓城县文化馆	第五批	
	98	泥塑（曹州泥偶）	山东龙人康陶艺有限公司	第五批	
	99	农民画（工笔牡丹画）	巨野县书画院	第五批	
	100	刻瓷（曹州刻瓷）	菏泽市牡丹区文化馆	第五批	
	101	木雕（菏泽木雕）	菏泽市牡丹区文化馆	第五批	
	102	篆刻（张氏缪篆书刻技艺）	巨野县文化馆	第五批	
	103	皮影制作技艺	曹县任家班皮影传统文化有限公司	第五批	
	104	东明香肚制作技艺	东明县文化馆	第五批	
	105	邓氏黍米原浆酒制作技艺	菏泽市定陶区学志黍米酒酿造研发中心	第五批	
	106	曹县蒸碗制作技艺	曹县致宽堂食品有限公司	第五批	
	107	荆氏经络点穴疗法	菏泽市牡丹区文化馆	第五批	
	108	鲁润阿胶传统制作技艺	山东鲁润阿胶药业有限公司	第五批	
	109	任氏怀德堂膏药	郓城县文化馆	第五批	
	110	中医正骨疗法（千户宋楼宋氏正骨疗法）	鄄城县文化馆	第五批	
	111	梅花拳	鄄城县文化馆	第五批	

属地	序号	项目名称	保护单位	省级项目批次	国家级项目批次
聊城	1	东昌府木版年画	聊城市东昌府区文化馆	第一批	第二批
	2	郎庄面塑	冠县文化馆	第一批	第二批
	3	张秋木版年画	阳谷县文化馆	第一批	第二批
	4	临清驾鼓	临清市文化馆	第一批	第五批
	5	鱼山梵呗	东阿鱼山梵呗寺	第一批	第二批
	6	莘城镇温庄火狮子	莘县文化馆	第一批	
	7	柳林花鼓	冠县文化馆	第一批	第二批
	8	山东八角鼓	聊城市东昌府区非物质文化遗产保护中心	第一批	
	9	聊城杂技	聊城市杂技团	第一批	第一批
	10	东昌葫芦雕刻	聊城市东昌府区文化馆	第一批	第二批
	11	临清贡砖制作技艺	山东省临清永祥贡砖生产基地	第一批	第二批
	12	阿胶（东阿阿胶制作技艺）	山东东阿阿胶股份有限公司	第一批	第二批
	13	查拳	冠县文化馆	第一批	第二批
	14	凤凰山传说	东阿县大桥镇凌山村村民委员会	第二批	
	15	阳谷寿张黄河夯号	阳谷县文化馆	第二批	
	16	柳林降狮舞	冠县文化活动中心	第二批	
	17	蛤蟆嗡	冠县文化活动中心	第二批	
	18	临清时调	临清市文化馆	第二批	
	19	东阿杂技	东阿县杂技团	第二批	
	20	临清肘捶	临清肘捶研究会	第二批	第三批
	21	临清潭腿	临清潭腿研究会	第二批	
	22	茌平剪纸	聊城市茌平区文化馆	第二批	

属地	序号	项目名称	保护单位	省级项目批次	国家级项目批次
	23	聊城牛筋腰带制作技艺	聊城市东昌府区非物质文化遗产保护中心	第二批	
	24	聊城铁公鸡制作技艺	聊城市东昌府区非物质文化遗产保护中心	第二批	
	25	健脑补肾丸制作工艺	临清市华威药业有限公司	第二批	
	26	鲁锦	聊城市东昌府区非物质文化遗产保护中心	第二批	
	27	武训传说	冠县文化馆	第三批	
	28	东昌毛笔制作技艺	聊城市东昌府区文化馆	第三批	
	29	东昌澄泥烧制技艺	聊城市东昌府区文化馆	第三批	
	30	景阳冈陈酿酒传统酿造技艺	阳谷县文化馆	第三批	
	31	金氏古筝	临清市文化馆	第三批	
	32	四根弦	高唐县文化馆	第三批	
聊城	33	阳谷木雕	阳谷县文化馆	第三批	
	34	高唐落子舞	高唐县文化馆	第四批	
	35	高唐四平调	高唐县文化馆	第四批	
	36	聊城梅花桩拳	聊城市梅花桩拳研究会	第四批	
	37	茌平董庄中堂画	聊城市茌平区文化馆	第四批	
	38	秧歌（伞棒舞）	聊城市东昌府区梁水镇文化站	第四批	
	39	山东梆子	聊城市豫剧院（聊城市山东梆子剧院）	第四批	
	40	查拳	莘县文化馆	第四批	
	41	东阿二郎拳	东阿县二郎拳研究会	第四批	
	42	鲁菜烹饪技艺（聊城义安成高氏烹饪技艺）	聊城市东昌府区义安成鲁菜馆	第四批	
	43	造纸技艺（阳谷石佛鲁庄造纸技艺）	阳谷县文化馆	第四批	

属地	序号	项目名称	保护单位	省级项目批次	国家级项目批次
聊城	44	传统面食制作工艺（临清什香面制作技艺）	临清市招待所	第四批	
	45	中医传统制剂方法（阳谷古阿邑达仁堂张氏阿胶糕制作技艺）	阳谷县文化馆	第四批	
	46	古琴艺术	聊城市古琴学会	第五批	
	47	秧歌（茌平平调秧歌）	聊城市茌平区文化馆	第五批	
	48	茌平花鼓戏	聊城市茌平区京剧团	第五批	
	49	临清田庄吹腔	山东省临清市松林镇田庄村村民委员会	第五批	
	50	临清龙灯	临清市文化馆	第五批	
	51	东阿大红拳	东阿县二郎拳研究会	第五批	
	52	少林拳（聊城少林拳）	聊城少林拳研究会	第五批	
	53	流星锤	聊城市传统武术协会流星锤文化研究会	第五批	
	54	剪纸（聊城剪纸艺术）	聊城市东昌府区文化馆	第五批	
	55	东昌府铜铸雕刻制作技艺	聊城市东昌府区凯建铜艺加工厂	第五批	
	56	莘县鸳鸯饼制作技艺	莘县文化馆	第五批	
	57	阳谷柘木弓箭制作技艺	聊城市南檀北柘商贸有限公司	第五批	
	58	鸡毛掸子扎制工艺	聊城经济技术开发区东城街道办事处隋庄村民委员会	第五批	
	59	阳谷顾氏红木镶嵌技艺	阳谷县文化馆	第五批	
	60	清真八大碗制作技艺	临清三和宾舍有限责任公司	第五批	
	61	高唐州黑陶制作技艺	高唐县文化馆	第五批	
	62	孟尝君酒酿造技艺	山东孟尝君酒业有限公司	第五批	

属地	序号	项目名称	保护单位	省级项目批次	国家级项目批次
聊城	63	东阿国胶堂阿胶传统制作技艺	山东东阿国胶堂阿胶药业有限公司	第五批	
	64	针灸（孟氏手针法）	阳谷县文化馆	第五批	
	65	茌平袁氏接骨膏制作技艺	聊城市茌平区洪官屯镇卫生院	第五批	

附录八

山东省一、二、三级博物馆名录

属地	序号	博物馆名称	等级
省直	1	山东博物馆	一级
	2	孔子博物馆	一级
高校	1	山东大学博物馆	一级
济南	1	济南市博物馆	一级
	2	济南市章丘区博物馆	一级
	3	济南市历城区博物馆	二级
	4	济南市济阳区博物馆	二级
	5	济南市长清区博物馆	三级
	6	济南市莱芜博物馆	三级
	7	济南市章丘区城子崖遗址博物馆	三级
	8	商河县博物馆	三级
	9	山东省刘氏古钟表博物馆	三级
	10	山东自生堂年画雕版博物馆	三级
青岛	1	青岛市博物馆	一级
	2	青岛啤酒博物馆	一级
	3	青岛山炮台遗址展览馆	一级
	4	青岛海产博物馆	二级
	5	中国海军博物馆	二级
	6	青岛德国总督楼旧址博物馆	二级
	7	青岛市民俗博物馆	二级

属地	序号	博物馆名称	等级
青岛	8	青岛贝壳博物馆	二级
	9	胶州市博物馆	二级
	10	青岛宝龙美术博物馆	二级
	11	即墨市博物馆	三级
	12	青岛消防博物馆	三级
	13	青岛市革命烈士纪念馆	三级
	14	青岛道路交通博物馆	三级
	15	青岛金石艺术博物馆	三级
	16	青岛黄海学院博物馆	三级
	17	青岛市黄岛区博物馆	三级
	18	青岛胶东非物质文化遗产博物馆	三级
	19	莱西市博物馆	三级
淄博	1	淄博市陶瓷博物馆	一级
	2	齐文化博物院	一级
	3	淄博市博物馆	二级
	4	蒲松龄纪念馆	二级
	5	淄博市淄川区三顺民俗陶瓷博物馆	二级
	6	淄川博物馆	三级
	7	沂源博物馆	三级
	8	高青县博物馆	三级
	9	淄博市淄川区寅瑄乡愁博物馆	三级
	10	山东百年课本博物馆	三级
	11	临淄大顺世界钱币博物馆	三级
	12	高青玉明民俗博物馆	三级
	13	淄博市在堂鱼盘艺术博物馆	三级

属地	序号	博物馆名称	等级
枣庄	1	山东省滕州市博物馆	一级
	2	滕州市汉画像石馆	一级
	3	枣庄市博物馆	二级
	4	台儿庄大战纪念馆	二级
	5	王学仲艺术馆	二级
	6	滕州市墨子研究博物馆（墨子纪念馆、鲁班纪念馆、墨砚馆）	二级
	7	山东青龙山古陶博物馆	三级
东营	1	东营市历史博物馆	二级
	2	东营市垦利区博物馆	二级
烟台	1	烟台市博物馆	一级
	2	烟台张裕酒文化博物馆	二级
	3	烟台市福山区王懿荣纪念馆	二级
	4	龙口市博物馆	三级
	5	登州博物馆（蓬莱古船博物馆）	三级
	6	海阳市博物馆	三级
	7	许世友在胶东纪念馆	三级
潍坊	1	青州市博物馆	一级
	2	潍坊市博物馆	一级
	3	诸城市博物馆	二级
	4	山东临朐山旺古生物化石博物馆	二级
	5	昌邑市博物馆	二级
	6	寿光市博物馆	二级
	7	高密市博物馆	二级
	8	潍坊鸢都红木嵌银漆器博物馆	三级
	9	青州未央红丝砚博物馆	三级

属地	序号	博物馆名称	等级
潍坊	10	潍坊麓台文化博物馆	三级
	11	临朐大唐红丝砚博物馆	三级
济宁	1	济宁市博物馆（朱复戡艺术馆）	一级
	2	梁山民俗博物馆	二级
	3	济宁市兖州区博物馆	三级
	4	邹城博物馆	三级
	5	曲阜汉画艺术博物馆	三级
	6	金乡县博物馆	三级
	7	鱼台县博物馆	三级
	8	嘉祥武氏墓群石刻博物馆	三级
	9	汶上县中都博物馆	三级
	10	梁山县博物馆	三级
泰安	1	泰安市博物馆	二级
	2	东平县博物馆	三级
	3	新泰市博物馆	三级
	4	新泰市毛泽东文献博物馆	三级
	5	泰安徂徕山抗日武装起义博物馆	三级
威海	1	中国甲午战争博物院	一级
	2	威海市文登区博物馆	二级
	3	威海市博物馆	二级
	4	荣成博物馆	二级
	5	威海毛泽东像章博物馆	三级
日照	1	莒县博物馆（现更名为莒州博物馆）	二级
	2	日照市博物馆	二级
	3	日照市抗日战争纪念馆	三级

属地	序号	博物馆名称	等级
日照	4	五莲县博物馆	三级
滨州	1	滨州市博物馆	二级
	2	滨州市沾化区博物馆	二级
	3	博兴县博物馆	二级
	4	惠民博物馆	三级
	5	无棣县博物馆	三级
	6	惠民惠风民俗博物馆	三级
	7	山东众林文史文献博物馆	三级
德州	1	德州市博物馆	二级
	2	冀鲁边区革命纪念馆	三级
聊城	1	孔繁森同志纪念馆	二级
	2	聊城中国运河文化博物馆	二级
	3	聊城市东昌府区博物馆	二级
	4	临清市博物馆	三级
临沂	1	临沂市博物馆	一级
	2	沂水县博物馆	二级
	3	山东省天宇自然博物馆	二级
	4	临沂天泽木文化博物馆	二级
	5	临沂市银雀山汉墓竹简博物馆	三级
	6	华东野战军总部旧址暨新四军军部旧址纪念馆	三级
	7	兰陵县博物馆	三级
	8	沂南县博物馆	三级
	9	平邑县博物馆	三级
	10	孟良崮战役纪念馆	三级
菏泽	1	冀鲁豫边区革命纪念馆	二级

续表

属地	序号	博物馆名称	等级
菏泽	2	成武县博物馆	二级
	3	巨野县博物馆	二级
	4	菏泽市博物馆	三级
	5	菏泽市抗日纪念馆	三级
	6	定陶博物馆	三级
	7	单县博物馆	三级
	8	郓城传递红色文化博物馆	三级

附录九

山东省5A级旅游景区名录

所在地市	景区名称
济南市	天下第一泉
青岛市	崂山风景区
枣庄市	台儿庄古城景区
东营市	黄河口生态旅游区
烟台市	烟台市蓬莱阁（三仙山·八仙过海）旅游区
烟台市	龙口南山旅游景区
潍坊市	青州古城旅游区
济宁市	济宁市曲阜明故城（三孔）旅游区
泰安市	泰山景区
威海市	刘公岛景区
威海市	华夏城旅游景区
临沂市	萤火虫水洞·地下大峡谷旅游区
临沂市/潍坊市	沂蒙山旅游区